教师依法执教法律问答

JIAOSHI YIFAZHIJIAO FALÜWENDA

主　编：邱连波
副主编：孟繁元　宋宏飞　张　勇
编　者：孙浩钧　贾承昊　王江涛
　　　　赵紫祎　王胜立

辽宁师范大学出版社
·大　连·

图书在版编目(CIP)数据

教师依法执教法律问答 / 邱连波主编. -- 大连：辽宁师范大学出版社，2022.3(2022.11重印)
ISBN 978-7-5652-3613-6

Ⅰ.①教… Ⅱ.①邱… Ⅲ.①教育法－中国－问题解答 Ⅳ.①D922.165

中国版本图书馆CIP数据核字(2021)第243995号

JIAOSHI YIFA ZHIJIAO FALÜ WENDA
教师依法执教法律问答

出 版 人：王 星
责任编辑：李荷君
责任校对：邱 玥
装帧设计：陶 非

出 版 者：辽宁师范大学出版社
地 址：大连市黄河路850号
网 址：http://www.lnnup.net
http://www.press.lnnu.edu.cn
邮 编：116029
营销电话：(0411)82159915 82159906
印 刷 者：大连图腾彩色印刷有限公司
发 行 者：辽宁师范大学出版社

幅面尺寸：170mm × 240mm
印 张：12
字 数：168千字

出版时间：2022年3月第1版
印刷时间：2022年11月第2次印刷
书 号：ISBN 978-7-5652-3613-6

定 价：42.00元

序言

2020年11月，中央全面依法治国工作会议在北京召开。中共中央总书记、国家主席、中央军委主席习近平出席会议并发表重要讲话，他强调坚定不移走中国特色社会主义法治道路，在法治轨道上推进国家治理体系和治理能力现代化，为全面建设社会主义现代化国家、实现中华民族伟大复兴的中国梦提供有力法治保障。

2021年初，中共中央印发《法治中国建设规划(2020-2025年)》，聚焦党中央关注、人民群众反映强烈的突出问题和法治建设薄弱环节，着眼推进国家治理体系和治理能力现代化，固根基、扬优势、补短板、强弱项，切实增强法治中国建设的时代性、针对性、实效性。

2021年6月，中共中央、国务院转发《中央宣传部、司法部关于开展法治宣传教育的第八个五年规划(2021-2025年)》；随后，教育部印发《全国教育系统开展法治宣传教育的第八个五年规划(2021-2025年)》，要求坚持以习近平新时代中国特色社会主义思想为指导，深入开展教育系统法治宣传教育，为培养德智体美劳全面发展的社会主义建设者和接班人作出新贡献。坚持党的全面领导，认真落实中共中央、国务院关于加强法治宣传教育的工作部署，始终保持正确的政治方向和舆论导向。

为深入学习习近平法治思想、习近平总书记关于教育的重要论述，贯彻落实中共中央、国务院和省委、省政府关于加强法治宣传教育的工作部署，在推进普法和依法治理中，教育系统领导干部应带头尊法学法守法用法，广

大师生应深入学习宣传宪法、民法典，以及与教育相关的法律法规，在全社会弘扬社会主义法治精神、建设社会主义法治文化中起到模范带头和普及示范作用。本书的编写坚持以人为本，根据普法对象的不同特点和实际需求分类规划、统筹推进，以提升教育系统法治宣传教育的质量和效果为原则，创新普法方式，推动教育系统普法工作从问题着手，面向实际、解决问题、满足需要，为教育系统学法，为政府各部门及司法单位普法，为全社会依法支持教育事业发展提供高质量的法治宣传教育服务，增强教育系统法治建设的时代性、针对性、实效性，以法治思维和法治方式推进教育改革，促进和保障教育事业发展，维护学校、教师、学生、家长等各方的合法权益，把教育系统的普法和依法治理提高到一个新水平，为办好人民满意的教育提供了坚实的法治保障。

本书在编写过程中从学校、教师、学生、家长遇到的实际问题出发，设置了提出问题、回答问题、核心提示、以案说法、相关法律法规、释法概述六个环节，对每一个实际问题都进行了全面阐释，力求让读者看得明白、读得有趣，同时又不失法律的严谨规范，教育引导读者树立法治意识，发自内心地尊法学法守法用法。

本书的出版凝结了参与编写、出版的各位专家、作者、编辑对教育法治理论的探索成果，是集体智慧的结晶！期待它的出版能够为我国教育法治建设事业添砖加瓦。编者水平有限，书中存在的不足之处，敬请广大读者批评指正。

目 录

1. 我国教师资格制度是怎样实施的?

我国实行教师资格、职务、聘任制度，通过考核、奖励、培养和培训，提高教师素质，加强教师队伍建设。获得教师资格证是一个人能否作为教师从事教育工作的前提条件。

【核心提示】

教师资格制度。

【以案说法】

陈某于2011年9月入职某校医学院担任辅导员，2018年9月到该校师范学院担任辅导员兼任代课教师，未签订劳动合同，该校未给陈某缴纳社会保险。2019年6月，陈某提出离职，先后向某市劳动人事争议仲裁委员会申请仲裁，向法院提起诉讼，请求之一是该校应该支付其因履行教师职责而享有的假期工资。法院审理认为，陈某虽兼任代课教师，但未依法取得高等学校教师资格，故其与该校之间仅在聘任制专职辅导员岗位上的劳动合同关系成立，而与该校之间基于教师岗位的劳动关系，因不符合法律法规规定的主体资格而归于无效。法院裁定，陈某未依法取得高等学校教师资格，故不应享受教师待遇，而应按实际付出的劳动行为享受兼任代课教师的相应待遇。

【相关法律法规】

《中华人民共和国教育法》第三十五条：国家实行教师资格、职务、聘任制度，通过考核、奖励、培养和培训，提高教师素质，加强教师队伍建设。

《中华人民共和国教师法》第十条：国家实行教师资格制度。中国公民凡遵守宪法和法律，热爱教育事业，具有良好的思想品德，具备本法规定的学历或者经国家教师资格考试合格，有教育教学能力，经认定合格的，可以取得教师资格。

《中华人民共和国教师法》第十七条：学校和其他教育机构应当逐步实行教师聘任制。教师的聘任应当遵循双方地位平等的原则，由学校和教师签订聘任合同，明确规定双方的权利、义务和责任。实施教师聘任制的步骤、办法由国务院教育行政部门规定。

《教师资格条例》第二条：中国公民在各级各类学校和其他教育机构中专门从事教育教学工作，应当依法取得教师资格。

【释法概述】

教师的能力和素质决定一个国家的教育发展水平，我国各级各类学校、教育机构从事教育教学工作的人，需要具有教师资格，否则不得从事教育教学工作。我国教师资格分为：幼儿园教师资格，小学教师资格，初级中学教师和初级职业学校文化课、专业课教师资格（以下统称初级中学教师资格），高级中学教师资格，中等专业学校、技工学校、职业高级中学文化课、专业课教师资格（以下统称中等职业学校教师资格），中等专业学校、技工学校、职业高级中学实习指导教师资格（以下统称中等职业学校实习指导教师资格），高等学校教师资格。取得教师资格的公民，可以在本级及其以下等级的各类学校和其他教育机构担任教师，但是，取得中等职业学校实习指导教师资格的公民只能在中等专业学校、技工学校、职业高级中学或者初级职业学校担任实习指导教师，高级中学教师资格与中等职业学校教师资格相互通用。

2. 教师与学校之间没有劳动合同或人事聘用合同的，是否存在劳动关系或人事聘用关系？

我国劳动法中的劳动关系包括事实劳动关系和劳动法律关系。劳动法律关系要求订立书面合同，未订立书面合同的，则可判断是否形成事实劳动关系，判断条件包括双方主体是否适格、是否存在建立劳动关系的合意、是否有提供劳务的事实以及双方是否形成从属性关系这四个方面。而聘用关系需建立在双方订立聘用合同的基础上，因此若双方未订立劳动合同或聘用合同，则可能存在事实劳动关系或其他法律关系（如劳务关系）。

【核心提示】

劳动关系或人事聘用关系的认定标准。

【以案说法】

2001年，唐某某到某高校任班主任，在劳动合同期满后继续工作，但双方未续签劳动合同。唐某某因工作出色先后被评为四个年度的优秀班主任，该校向唐某某颁发了荣誉证书。2019年，唐某某与该高校发生人事纠纷，认为其与该校存在劳动关系，而学校主张与唐某某之间是劳务关系，不属于劳动关系。唐某某提出仲裁。在仲裁机构裁决双方属于劳动关系后，该高校诉至法院。法院审理认为，唐某某向该高校提供劳动，具有排他性、不可替代性的特点，双方形成的经济关系具有劳动法规定的按劳分配性质，且双方存在管理与被管理的隶属关系，最终法院裁定该高校与唐某某存在劳动关系。

【相关法律法规】

《中华人民共和国劳动合同法》第七条：用人单位自用工之日起即与劳动者建立劳动关系。用人单位应当建立职工名册备查。

《中华人民共和国劳动合同法》第十条：建立劳动关系，应当订立书面劳动合同。已建立劳动关系，未同时订立书面劳动合同的，应当自用工之日起一个月内订立书面劳动合同。用人单位与劳动者在用工前订立劳动合同的，劳动关系自用工之日起建立。

《中华人民共和国劳动合同法实施条例》第六条：用人单位自用工之日起超过一个月不满一年未与劳动者订立书面劳动合同的，应当依照劳动合同法第八十二条的规定向劳动者每月支付两倍的工资，并与劳动者补订书面劳动合同；劳动者不与用人单位订立书面劳动合同的，用人单位应当书面通知劳动者终止劳动关系，并依照劳动合同法第四十七条的规定支付经济补偿。

《事业单位人事管理条例》第九条：事业单位公开招聘工作人员按照下列程序进行：（七）订立聘用合同，办理聘用手续。

【释法概述】

劳动合同是劳动者与用人单位之间确立劳动关系、明确双方权利和义务的协议。劳动者与用人单位之间的劳动关系从用工之日起建立。建立劳动关系，应当订立书面劳动合同。如果没有书面劳动合同，但是有其他证据证明的，可以认定双方存在事实上的劳动关系。在我国，一般公立学校（事业单位）与在编教师之间订立的是人事聘用合同，而非公立学校与教师之间、公立学校与非在编教师之间订立的是劳动合同。人事聘用合同一般特指事业单位与事业单位的工作人员确立人事聘用、明确双方权利义务关系的协议。

3. 教师从教依法享有的权利和应当履行的义务有哪些?

教师从教依法享有教育教学权、学术研究权、指导评价权、报酬待遇权、参与管理权、进修培训权等六项权利。同时，教师应当依法履行遵守法律为人师表、贯彻教育教学方针、进行思想教育和组织社会活动、关爱学生全面发展、制止有害于学生的行为、提高思想政治觉悟和教育教学水平等六项义务。

【核心提示】

教师的权利和义务。

【以案说法】

事例一：曾某入职某师范学院担任实训教师，其基本工资按照教师编制中级标准计付，在签订新劳动合同时约定工作岗位仍为实训教师。该学院在薪酬调整中通过教职工代表大会制订了将实训教师与专任教师予以区分的政策，实训教师被调整为教辅编制。曾某的工资类别和工资水平随之发生变化，其中，寒暑假期间基本工资正常发放，其他薪酬项目按实际出勤天数计发。曾某与学校产生争议，后诉诸劳动仲裁机构、人民法院。法院认为，学校有权依据合法程序制定规章制度，对学校的日常事务进行管理。学校对曾某等

人身份的调整而影响其寒暑假工资水平，不违反国家的法律法规，属学校正常的管理活动，曾某请求与教师享受同样的工资待遇不能得到支持。

事例二：刘某某利用任某大学二级学院学生工作办公室副主任、辅导员、班主任等职务便利，通过支付宝和微信转账方式，私自收取并侵占学生学杂费和班费共计 77 万余元。学校将刘某某案件移送公安机关立案侦查，公安机关对刘某某执行刑事拘留。该大学党委根据《中国共产党纪律处分条例》等有关规定，给予刘某某开除党籍、免职等处分；下一步，学校将根据司法机关对其涉嫌犯罪问题的处理结论，依法依规给予进一步处理。

【相关法律法规】

《中华人民共和国教师法》第七条：教师享有下列权利：（一）进行教育教学活动，开展教育教学改革和实验；（二）从事科学研究、学术交流，参加专业的学术团体，在学术活动中充分发表意见；（三）指导学生的学习和发展，评定学生的品行和学业成绩；（四）按时获取工资报酬，享受国家规定的福利待遇以及寒暑假期的带薪休假；（五）对学校教育教学、管理工作和教育行政部门的工作提出意见和建议，通过教职工代表大会或者其他形式，参与学校的民主管理；（六）参加进修或者其他方式的培训。

《中华人民共和国教师法》第八条：教师应当履行下列义务：（一）遵守宪法、法律和职业道德，为人师表；（二）贯彻国家的教育方针，遵守规章制度，执行学校的教学计划，履行教师聘约，完成教育教学工作任务；（三）对学生进行宪法所确定的基本原则的教育和爱国主义、民族团结的教育，法制教育以及思想品德、文化、科学技术教育，组织、带领学生开展有益的社会活动；（四）关心、

爱护全体学生，尊重学生人格，促进学生在品德、智力、体质等方面全面发展；（五）制止有害于学生的行为或者其他侵犯学生合法权益的行为，批评和抵制有害于学生健康成长的现象；（六）不断提高思想政治觉悟和教育教学业务水平。

【释法概述】

权利是指法律赋予人实现其利益的一种力量。从通常的角度看，权利是法律赋予权利主体作为或不作为的许可、认定及保障。教师的权利主要包括一般性的权利和职业性的权利。一般性的权利是教师作为公民依法享有的权利，包括平等权、政治权、宗教信仰自由权、公民人身自由权、社会经济权、文化教育权、监督权等；教师职业性的权利如前文所述。义务是权利的对称，是主体应做出一定行为或不做一定行为的责任，具有法律强制性。

4. 教师怎样参与学校的民主管理？

参与学校的民主管理，是法律赋予教师的基本权利之一。教师享有对学校教育教学、管理工作和教育行政部门的工作提出意见和建议，通过教职工代表大会或者其他形式，参与学校的民主管理的权利。参与讨论规章制度，是职工代表大会上教师参与学校民主管理权利的具体体现。

【核心提示】

教师通过教职工代表大会或者其他形式，参与学校的民主管理。

【以案说法】

吴某入职某学院任实训教师，与该学院签订多份书面劳动合同。2011年该学院制定的《岗位及人员编制方案》将实训教师归属于教师岗位及编制，2015年该学院制定的《薪酬调整办法》将实训教师归属于教辅编制，岗位类别的变化影响了吴某的工资收入。2017年8月起，该劳动争议经过劳动争议仲裁，法院一审、二审，于2018年案件审结。二审法院审理认为，本案焦点问题之一为涉案的规章制度是否经过民主程序制定，是否具有合法的效力。法院查明，中国教育工会职工代表大会某学院委员会于2015年10月29日、2016年10月28日分别印发的《第二届第三次教职工代表大会决议》《第二

届第四次教职工代表大会决议》，载明大会审议及同意了2014—2016学年学院制订的规章制度，其中包含涉案的规章制度。据此，法院认定涉案的规章制度经民主程序制定，具有合法的效力，学院依据合法的规章制度调整吴某等人的岗位及工资是合法的。

【相关法律法规】

《中华人民共和国教师法》第七条：教师享有下列权利：（五）对学校教育教学、管理工作和教育行政部门的工作提出意见和建议，通过教职工代表大会或者其他形式，参与学校的民主管理。

《中华人民共和国工会法》第三十七条：本法第三十五条、第三十六条规定以外的其他企业、事业单位的工会委员会，依照法律规定组织职工采取与企业、事业单位相适应的形式，参与企业、事业单位民主管理。

《中华人民共和国工会法》第三十八条：企业、事业单位研究经营管理和发展的重大问题应当听取工会的意见；召开讨论有关工资、福利、劳动安全卫生、社会保险等涉及职工切身利益的会议，必须有工会代表参加。企业、事业单位应当支持工会依法开展工作，工会应当支持企业、事业单位依法行使经营管理权。

《中华人民共和国劳动合同法》第四条：用人单位应当依法建立和完善劳动规章制度，保障劳动者享有劳动权利、履行劳动义务。用人单位在制定、修改或者决定有关劳动报酬、工作时间、休息休假、劳动安全卫生、保险福利、职工培训、劳动纪律以及劳动定额管理等直接涉及劳动者切身利益的规章制度或者重大事项时，应当经职工代表大会或者全体职工讨论，提出方案和意见，与工会或者职工代表平等协商确定。在规章制度和重大事项决定实施过程中，工会或者职工认为不适当的，有权向用人单位提出，通过协商予以

修改完善。用人单位应当将直接涉及劳动者切身利益的规章制度和重大事项决定公示，或者告知劳动者。

【释法概述】

包括各级各类学校在内的用人单位，除了依据法律、法规外，还要依据单位制定的各种规章制度实施管理。涉及劳动者切身利益的规章制度必须经过本单位职工代表大会或者全体职工讨论，这是法定的程序。教师行使民主管理权的方式是通过教职工代表大会或者其他形式确定的，讨论单位的规章制度是职工代表大会的法定职权。用人单位通过民主程序制定的规章制度，不违反国家法律、行政法规及政策规定，并已向劳动者公示的，可以作为人民法院审理劳动争议案件的依据。

5. 教师未依法履行义务怎么办?

> 教师未履行法定的义务，应当承担相应的法律后果和责任。

【核心提示】

依据《中华人民共和国教师法》《教师资格条例》《事业单位人事管理条例》等进行处分。

【以案说法】

事例一：某中学教师肖某某，在课堂上发表以家长收入水平质疑家长素质以及歧视、侮辱学生等言论。肖某某违反了《中华人民共和国教师法》关于教师应当关心、爱护全体学生，尊重学生人格，促进学生在品德、智力、体质等方面全面发展的规定，构成《教师资格条例》中提及的品行不良、侮辱学生，影响恶劣的情形。该学校党委根据《中华人民共和国教师法》和《中国共产党纪律处分条例》、《教师资格条例》、《事业单位工作人员处分暂行规定》等相关规定，给予肖某某党内严重警告处分，将其降低岗位等级并调离原岗位；某区教育局依据《教师资格条例》，撤销其教师资格，收缴其教师资格证书，将其列入教师资格限制库，其五年内不得重新取得教师资格。

事例二：某高校教师姜某某在发表的文章中抄袭他人成果，其行为违反了《中华人民共和国教师法》关于教师应当“遵守宪法、法律和职业道德，为人师表”的规定。该高校党委根据《中国共产党纪律处分条例》等规定，给予姜某某党内严重警告、行政记过处分，停止其招收硕士研究生的资格两年，取消其聘任高一级专业技术职务的资格两年。

【相关法律法规】

《中华人民共和国教师法》第八条：教师应当履行下列义务：（一）遵守宪法、法律和职业道德，为人师表；（二）贯彻国家的教育方针，遵守规章制度，执行学校的教学计划，履行教师聘约，完成教育教学工作任务；（三）对学生进行宪法所确定的基本原则的教育和爱国主义、民族团结的教育，法制教育以及思想品德、文化、科学技术教育，组织、带领学生开展有益的社会活动；（四）关心、爱护全体学生，尊重学生人格，促进学生在品德、智力、体质等方面全面发展；（五）制止有害于学生的行为或者其他侵犯学生合法权益的行为，批评和抵制有害于学生健康成长的现象；（六）不断提高思想政治觉悟和教育教学业务水平。

《中华人民共和国教师法》第三十七条：教师有下列情形之一的，由所在学校、其他教育机构或者教育行政部门给予行政处分或者解聘。（一）故意不完成教育教学任务给教育教学工作造成损失的；（二）体罚学生，经教育不改的；（三）品行不良、侮辱学生，影响恶劣的。教师有前款第（二）项、第（三）项所列情形之一，情节严重，构成犯罪的，依法追究刑事责任。

《事业单位人事管理条例》第二十八条：事业单位工作人员有下列行为之一的，给予处分：（一）损害国家声誉和利益的；（二）失职渎职的；（三）利用工作之便谋取不正当利益的；（四）挥霍、浪费国家资财的；（五）严重违反职业道德、社会公德的；（六）其他严重违反纪律的。

《教师资格条例》第十九条：有下列情形之一的，由县级以上人民政府教育行政部门撤销其教师资格：（一）弄虚作假、骗取教师资格的；（二）品行不良、侮辱学生，影响恶劣的。被撤销教师资格的，自撤销之日起5年内不得重新申请认定教师资格，其教师资格证书由县级以上人民政府教育行政部门收缴。

【释法概述】

教师未依法履行义务或者违反法定义务，应当根据其行为、情节和后果，依据法律法规追究其行政责任、民事责任乃至刑事责任。教师是党员的，还要依据《中国共产党纪律处分条例》第七条“党组织和党员违反党章和其他党内法规，违反国家法律法规，违反党和国家政策，违反社会主义道德，危害党、国家和人民利益的行为，依照规定应当给予纪律处理或者处分的，都必须受到追究”的规定，给予其纪律处分。

6. 如何看待高校实行的“非升即走”举措?

“非升即走”是高校人事聘用制度改革的一项重要举措。“非升即走”是指在高校与新进教师约定的聘期结束时，新进教师不能晋升职称的，双方即解除聘任关系。这项制度的实施使高校存在的单位依附、论资排辈等现象逐步得以解决，也使高校教师从一个稳定的职业逐渐变成一个具有更多竞争与挑战的职业。

【核心提示】

高校教师聘任制改革。

【以案说法】

糜某是某高校聘用教师，其与该校签订协议书约定，若本人进校第二年起的四年内未能晋升为副教授，从第五年1月1日起不再享受该大学的工资、津贴、补贴等待遇，同时办理离校手续。按协议书约定期限，糜某未能晋升副教授，被学校人事处通知办理离校手续。糜某向劳动争议仲裁机构申请仲裁，并向法院提起诉讼。法院审理认为，糜某与高校签订的协议合法有效，与高校之间的争议为人事争议，不适用劳动合同法，适用国务院《事业单位人事管理条例》，故驳回糜某诉讼请求。糜某上诉，二审法院审理后判决驳回上诉，维持原判。

【相关法律法规】

《中华人民共和国劳动合同法》第九十六条：事业单位与实行聘用制的工作人员订立、履行、变更、解除或者终止劳动合同，法律、行政法规或者国务院另有规定的，依照其规定；未作规定的，依照本法有关规定执行。

《事业单位人事管理条例》第二十二条：考核结果作为调整事业单位工作人员岗位、工资以及续订聘用合同的依据。

《事业单位人事管理条例》第三十七条：事业单位工作人员与所在单位发生人事争议的，依照《中华人民共和国劳动争议调解仲裁法》等有关规定处理。

《中华人民共和国劳动争议调解仲裁法》第五条：发生劳动争议，当事人不愿协商、协商不成或者达成和解协议后不履行的，可以向调解组织申请调解；不愿调解、调解不成或者达成调解协议后不履行的，可以向劳动争议仲裁委员会申请仲裁；对仲裁裁决不服的，除本法另有规定的外，可以向人民法院提起诉讼。

【释法概述】

教师与高校签订聘用合同时约定“非升即走”等事项，只要这种约定是基于平等自愿且是真实意愿的表达，不违反《事业单位人事管理条例》相关规定，这种约定就是合法有效的。在落实高校用人自主权中，政府各有关部门不统一组织高校人员聘用考试，简化进人程序。高校根据国家有关规定和办学实际需要，可深入推进岗位聘用改革，实施岗位聘期制管理，自主制定教师聘用条件，自主公开招聘教师。

7. 教师被解除人事聘用关系或劳动关系后可否主张经济补偿金？

> 教师与所在单位是人事聘用关系，则无法主张经济补偿金。如果是劳动关系，则可以主张符合法律规定情形的经济补偿金。

【核心提示】

教师解聘经济补偿的适用。

【以案说法】

事例一：董某入职某民办高校任教师，签订的劳动合同中约定劳动合同期限为无固定期限。2019年，该校组织教师竞聘，董某未竞聘成功，于是在开学后未报到上班，亦未向学校履行请假手续。2020年，该校以董某长时间不返校工作，严重违反规章制度为由，解除双方劳动合同。董某向劳动争议仲裁委员会申请仲裁被驳回，遂向法院提起诉讼。法院审理认为，在双方劳动合同存续期间，董某一直未到校上班，亦未向该校请假报备，直至学校向董某发送解除劳动合同的短信通知。鉴于上述事实，董某主张该高校系违法解除劳动合同并应支付其经济赔偿金，无事实及法律依据，法院判决驳回董某诉讼请求。

事例二：縻某是某高校聘用教师，与校方签订了四年内“非升即走”的聘用协议书。2017年，因縻某未能晋升副教授，学校人事

处通知糜某办理离校手续。后糜某向劳动争议仲裁委员会申请仲裁，主张经济补偿金、未签订书面劳动合同的二倍工资、补交社会保险等。在仲裁裁决不予支持后，糜某先后向法院提出一审、二审的诉讼请求。法院审理认为，该大学系事业单位，糜某是经该大学特聘审批，系核定编制范围内的工作人员，建立的是人事聘用关系，而非劳动关系，双方之间发生的争议为人事争议，应适用《事业单位人事管理条例》等法规及其配套规章规定。《事业单位人事管理条例》对事业编人员的工资福利、奖励处分、人事争议处理均作了规定，但未列举事业编制人员可以享有经济补偿的情形，亦未有不订立聘用合同或劳动合同的法律责任的规定，故糜某关于经济补偿金、二倍工资的主张缺乏法律依据，法院驳回了糜某诉求。

【相关法律法规】

《中华人民共和国劳动合同法》第三十九条：劳动者有下列情形之一的，用人单位可以解除劳动合同：（一）在试用期间被证明不符合录用条件的；（二）严重违反用人单位的规章制度的；（三）严重失职，营私舞弊，给用人单位造成重大损害的；（四）劳动者同时与其他用人单位建立劳动关系，对完成本单位的工作任务造成严重影响，或者经用人单位提出，拒不改正的；（五）因本法第二十六条第一款第一项规定的情形致使劳动合同无效的；（六）被依法追究刑事责任的。

《中华人民共和国劳动合同法》第四十六条：有下列情形之一的，用人单位应当向劳动者支付经济补偿：（一）劳动者依照本法第三十八条规定解除劳动合同的；（二）用人单位依照本法第三十六条规定向劳动者提出解除劳动合同并与劳动者协商一致解除劳动合同的；（三）用人单位依照本法第四十条规定解除劳动合同的；（四）用人单位依照本法第四十一条第一款规定解除劳动合同的；（五）除用

人单位维持或者提高劳动合同约定条件续订劳动合同，劳动者不同意续订的情形外，依照本法第四十四条第一项规定终止固定期限劳动合同的；（六）依照本法第四十四条第四项、第五项规定终止劳动合同的；（七）法律、行政法规规定的其他情形。

《中华人民共和国劳动合同法》第九十六条：事业单位与实行聘用制的工作人员订立、履行、变更、解除或者终止劳动合同，法律、行政法规或者国务院另有规定的，依照其规定；未作规定的，依照本法有关规定执行。

【释法概述】

经济补偿金是在劳动合同解除或终止后，由用人单位依法一次性支付给劳动者的经济上的补助，适用的法律关系是劳动关系，依据劳动合同法处理。如果教师与高校之间是人事聘用关系，适用的是《事业单位人事管理条例》，其中没有经济补偿金制度规定。教师与所在单位是劳动关系的，只有符合法律规定的情形，教师主张经济补偿金的请求才会得到支持。

8. 被撤销教师资格的情形有哪些?

> 《中华人民共和国教师法》规定受到剥夺政治权利或者故意犯罪受到有期徒刑以上刑事处罚的，不能取得教师资格，已经取得教师资格的，丧失教师资格。《教师资格条例》规定弄虚作假、骗取教师资格的；品行不良、侮辱学生，影响恶劣的，由县级以上人民政府教育行政部门撤销其教师资格。

【核心提示】

教师资格的撤销。

【以案说法】

事例一：某学院教师王某某屡次言语骚扰在校学生，还通过微信等方式向多名学生发送性暗示词汇和图片，情节严重，影响恶劣。该学院党委、学院依据《中华人民共和国教师法》和《中国共产党纪律处分条例》等，给予王某某开除党籍处分，并撤销其教师资格，收缴其教师资格证，将其列入教师资格限制库。

事例二：某大学教师陈某某，私自召集学生到其家中饮酒，一名女学生醉酒后遭其性侵。陈某某的行为违反了教育法等的规定。该大学党委、学校依据《中华人民共和国教师法》和《中国共产党纪律处分条例》等，给予陈某某开除党籍、开除公职处分；待司法机关对其犯罪行为作出判决后，其教师资格将依法丧失，教育行政机关注销并收缴其教师资格证书，其终身不得重新申请认定教师资格。

【相关法律法规】

《中华人民共和国教师法》第十条：国家实行教师资格制度。中国公民凡遵守宪法和法律，热爱教育事业，具有良好的思想品德，具备本法规定的学历或者经国家教师资格考试合格，有教育教学能力，经认定合格的，可以取得教师资格。

《中华人民共和国教师法》第十四条：受到剥夺政治权利或者故意犯罪受到有期徒刑以上刑事处罚的，不能取得教师资格；已经取得教师资格的，丧失教师资格。

《教师资格条例》第二条：中国公民在各级各类学校和其他教育机构中专门从事教育教学工作，应当依法取得教师资格。

《教师资格条例》第十九条：有下列情形之一的，由县级以上人民政府教育行政部门撤销其教师资格：（一）弄虚作假、骗取教师资格的；（二）品行不良、侮辱学生，影响恶劣的。被撤销教师资格的，自撤销之日起5年内不得重新申请认定教师资格，其教师资格证书由县级以上人民政府教育行政部门收缴。

【释法概述】

取得教师资格是从事教育教学工作的前置条件，特定情况下也会失去已取得的教师资格。教育部2018年制定了《新时代高校教师职业行为十项准则》《新时代中小学教师职业行为十项准则》《新时代幼儿园教师职业行为十项准则》，详细规定了各类教师的行为准则，对于发生准则中禁止行为的，要态度坚决，一查到底，依法依规严肃惩处，绝不姑息。对于有虐待、猥亵、性骚扰等严重侵害学生行为的，一经查实，要撤销其所获荣誉、称号，追回相关奖金，依法依规撤销教师资格、解除教师职务、清除出教师队伍，同时，还要将其信息录入全国教师管理信息系统，任何学校不得再聘任其从事教学、科研及管理等工作。涉嫌违法犯罪的要及时移送司法机关依法处理。

9. 尚未取得教师资格证的代课教师可以任教吗?

不可以。

【核心提示】

教师资格证是我国教师从教的资格要求。

【以案说法】

事例一：朱某从师范院校毕业时尚未取得教师资格证，其父母托人安排朱某入职某甲小学任语文教师。朱某入职时对学校隐瞒了其未取得教师资格证一事，谎称教师资格证丢失正在补办，某甲小学要求朱某手写其具有小学教师资格证的书面说明材料。一年后，某甲小学将朱某调任至某乙小学，半年后，某乙小学在向教育部门备案在职教师个人信息时得知朱某尚未取得教师资格证。某乙小学要求朱某于同年9月前持有效教师资格证到校报到，否则将与其解除劳动合同。朱某在规定时间内仍未取得教师资格证，遂某乙小学作出解除与朱某之间劳动合同的决定。朱某认为自己虽然未取得教师资格证，但已经与某乙小学形成事实劳动关系，因此向法院提起诉讼。法院经审理认为，朱某在入职时，承诺自己已取得教师资格证，其实际情况与劳动合同的约定内容不一致，我国法律规定从事教师行业的人员必须取得教师资格证，因此朱某与用人单位之间的劳动合同无效，朱某无权请求某乙小学支付经济补偿金。

事例二：李某在校学习期间和大学毕业后均未取得教师资格证，后经人介绍前往某小学担任英语教师，并与学校签订教师聘用合同，约定聘用期为三年。合同到期后，双方未续订合同，李某仍在学校继续担任英语教师。两年后，该小学编制缩减，学校领导告知李某不用再来上班了。李某遂将学校诉至法院，要求法院支持其与学校之间续订无固定期限的劳动合同。法院审理认定李某未取得教师资格，不具备教职工劳动合同的主体资格，无权要求续订合同。

【相关法律法规】

《中华人民共和国教师法》第十条：国家实行教师资格制度。中国公民凡遵守宪法和法律，热爱教育事业，具有良好的思想品德，具备本法规定的学历或者经国家教师资格考试合格，有教育教学能力，经认定合格的，可以取得教师资格。

《中华人民共和国教师法》第十一条：取得教师资格应当具备的相应学历是：（一）取得幼儿园教师资格，应当具备幼儿师范学校毕业及其以上学历；（二）取得小学教师资格，应当具备中等师范学校毕业及其以上学历；（三）取得初级中学教师、初级职业学校文化、专业课教师资格，应当具备高等师范专科学校或者其他大学专科毕业及其以上学历；（四）取得高级中学教师资格和中等专业学校、技工学校、职业高中文化课、专业课教师资格，应当具备高等师范院校本科或者其他大学本科毕业及其以上学历；取得中等专业学校、技工学校和职业高中学生实习指导教师资格应当具备的学历，由国务院教育行政部门规定；（五）取得高等学校教师资格，应当具备研究生或者大学本科毕业学历；（六）取得成人教育教师资格，应当按照成人教育的层次、类别，分别具备高等、中等学校毕业及其以上学历。不具备本法规定的教师资格学历的公民，申请获取教师资格，必须通过国家教师资格考试。国家教师资格考试制度由国务院规定。

《教师资格条例》第二条：中国公民在各级各类学校和其他教育机构中专门从事教育教学工作，应当依法取得教师资格。

《中华人民共和国劳动合同法》第二十六条：下列劳动合同无效或者部分无效：（一）以欺诈、胁迫的手段或者乘人之危，使对方在违背真实意思的情况下订立或者变更劳动合同的；（二）用人单位免除自己的法定责任、排除劳动者权利的；（三）违反法律、行政法规强制性规定的。对劳动合同的无效或者部分无效有争议的，由劳动争议仲裁机构或者人民法院确认。

【释法概述】

教师对学生成长的影响极为深远，有的教师甚至对学生的一生发展起着决定性作用。我国实行教师资格制度，要求各级各类学校从教人员必须取得相应的学历并通过教师资格考试。近年来，一些学校因多种原因聘用了代课教师，让未取得教师资格证的人员先上岗后考证，以此解决学校教学人员短缺的问题。事实上，这一方式不仅无法保证教学质量，也容易产生教学问题甚至社会矛盾，影响学校教育教学质量和正常秩序，各级各类学校必须坚守教师资格制度规定的底线，严格执行学校教师聘用制度的规定。

10. 中小学教师可以以学生“淘气”干扰正常教学秩序为由而拒不上课吗?

不可以。

【核心提示】

教师应当履行法律义务。

【以案说法】

某中学初三年级某班部分学生在老师讲解模拟试卷时不认真听讲，有的在课堂上玩游戏、起哄，扰乱课堂纪律，多次打断老师授课，致使数学老师齐某某一气之下停止授课，一直到中考前都没有再对模拟试卷进行讲解，使该班学生的学习受到影响。齐某某因班内部分学生不服从管教而拒不上课，不仅侵犯了学生的合法权益，也违背了其作为教师应当履行的义务，其本人受到了学校的批评。

【相关法律法规】

《中华人民共和国教育法》第九条：中华人民共和国公民有受教育的权利和义务。公民不分民族、种族、性别、职业、财产状况、宗教信仰等，依法享有平等的受教育机会。

《中华人民共和国教育法》第三十三条：教师享有法律规定的权利，履行法律规定的义务，忠诚于人民的教育事业。

《中华人民共和国教师法》第三条：教师是履行教育教学职责的专业人员，承担教书育人，培养社会主义事业建设者和接班人、提

高民族素质的使命。教师应当忠诚于人民的教育事业。

《中华人民共和国教师法》第八条：教师应当履行下列义务：（一）遵守宪法、法律和职业道德，为人师表；（二）贯彻国家的教育方针，遵守规章制度，执行学校的教学计划，履行教师聘约，完成教育教学工作任务；（三）对学生进行宪法所确定的基本原则的教育和爱国主义、民族团结的教育，法制教育以及思想品德、文化、科学技术教育，组织、带领学生开展有益的社会活动；（四）关心、爱护全体学生，尊重学生人格，促进学生在品德、智力、体质等方面全面发展；（五）制止有害于学生的行为或者其他侵犯学生合法权益的行为，批评和抵制有害于学生健康成长的现象；（六）不断提高思想政治觉悟和教育教学业务水平。

《中华人民共和国义务教育法》第二十九条：教师在教育教学中应当平等对待学生，关注学生的个体差异，因材施教，促进学生的充分发展。教师应当尊重学生的人格，不得歧视学生，不得对学生实施体罚、变相体罚或者其他侮辱人格尊严的行为，不得侵犯学生合法权益。

【释法概述】

我国公民享有受教育的权利和义务，对学生而言，接受教育既是应当享有的权利，也是必须履行的义务。教师是履行教育教学职责的专业人员，承担教书育人，培养社会主义事业建设者和接班人、提高民族素质的使命；教师在教育教学中应当平等对待学生，关注学生的个体差异，因材施教，尊重学生的人格，不得侵犯学生合法权益。教师在课堂教学中既要执行学校的教学计划，完成教育教学工作任务，还要关心、爱护全体学生，制止有害于学生的行为或者其他侵犯学生合法权益的行为，批评和抵制有害于学生健康成长的现象。

11. 中小学教师可以以教育管理需要为由翻阅学生信件、物品吗？

不可以。

【核心提示】

教师要保护好未成年人隐私权和个人信息。

【以案说法】

中学生王某的母亲邱某某发现女儿王某近来电话频繁，有个男孩常在她家楼下徘徊，便把情况反映到班主任苏某处，没想到这将女儿带入了痛苦的境地。苏某发现王某与班里的一名男生关系比较密切，便在课堂上、教室里多次翻看王某的书包、日记及其给其他同学的信件，还不许同学和她说话，使性格活泼的王某一下子成了“孤家寡人”。王某在日记里写道：“苏老师经常侮辱我，逼我转学。一想起这些我就害怕，夜里常做噩梦……”由于无法承受被孤立的痛苦，王某离家出走。4天后，邱某某接到女儿王某的电话并在异地找到她，王某哭着请求妈妈搬离所在城市。回家后的王某心情压抑，后来经诊断患上了抑郁症。邱某某为女儿联系新学校，但因原学校提供的学籍卡被涂改过，转学手续迟迟没有办妥。王某家人认为这是原学校在故意刁难他们，间接剥夺了孩子的受教育权，遂将苏某和该中学告上了法庭，要求老师道歉并赔偿。后双方达成调解，苏某向王某、邱某某当面赔礼道歉，该中学赔偿王某精神损害抚慰金1000元。

【相关法律法规】

《中华人民共和国教师法》第八条：教师应当履行下列义务：（一）遵守宪法、法律和职业道德，为人师表；（二）贯彻国家的教育方针，遵守规章制度，执行学校的教学计划，履行教师聘约，完成教育教学工作任务；（三）对学生进行宪法所确定的基本原则的教育和爱国主义、民族团结的教育，法制教育以及思想品德、文化、科学技术教育，组织、带领学生开展有益的社会活动；（四）关心、爱护全体学生，尊重学生人格，促进学生在品德、智力、体质等方面全面发展；（五）制止有害于学生的行为或者其他侵犯学生合法权益的行为，批评和抵制有害于学生健康成长的现象；（六）不断提高思想政治觉悟和教育教学业务水平。

《中华人民共和国义务教育法》第二十九条：教师在教育教学中应当平等对待学生，关注学生的个体差异，因材施教，促进学生的充分发展。教师应当尊重学生的人格，不得歧视学生，不得对学生实施体罚、变相体罚或者其他侮辱人格尊严的行为，不得侵犯学生合法权益。

《中华人民共和国未成年人保护法》第四条：保护未成年人，应当坚持最有利于未成年人的原则。处理涉及未成年人事项，应当符合下列要求：（一）给予未成年人特殊、优先保护；（二）尊重未成年人人格尊严；（三）保护未成年人隐私权和个人信息；（四）适应未成年人身心健康发展的规律和特点；（五）听取未成年人的意见；（六）保护与教育相结合。

《中华人民共和国民法典》第一千零三十二条：自然人享有隐私权。任何组织或者个人不得以刺探、侵扰、泄露、公开等方式侵害他人的隐私权。隐私是自然人的私人生活安宁和不愿为他人知晓的私密空间、私密活动、私密信息。

【释法概述】

教师应当关心爱护学生，尊重学生人格。我国法律规定了任何组织和个人不得披露未成年人的个人隐私。保护未成年人要把最有利于未成年人的原则放在第一位，尊重未成年人的人格尊严，保护未成年人的隐私权和个人信息。学校负有管理未成年学生的职责，因教师与学生之间关系紧密，教师可以通过很多途径获知学生的隐私或者其他不愿为外界所知悉的信息，但是，教师不能使用非法手段（如翻包、偷看等）获取学生隐私，也不能对外泄露其合法获得的学生隐私。教师侵犯学生隐私权和个人信息的行为严重违反教师法、义务教育法和未成年人保护法对教师的行为要求，更违背了法律规定对未成年人保护的初衷。教师在发现学生有影响学习或身心健康的行为时，应当耐心开导，经常给学生作心理辅导，并指导同学之间互相帮助，在集体中共同进步。

12. 中小学教师可以对上课捣乱的学生进行体罚吗？

不可以。

【核心提示】

教师体罚学生是违法行为。

【以案说法】

事例一：王某入职某高级中学任数学教师。2015年的一天，王某要求坐在第一排的某学生罚站，该学生罚站约十分钟后下课；在一次讲解试卷的教学过程中，王某使用试卷击打多名学生背部；2017年的一天，王某因学生张某数学考试成绩较差，用课本砸向张某。这期间，学校领导经常找王某谈话，告诫其教育方法要适当，不得经常性体罚或辱骂学生。2017年6月，该高级中学因王某经常体罚学生，甚至对学生采取暴力行为，故决定解除与王某之间的教师聘用合同。

事例二：苗某系某小学体育教师。在某天的体育课上，学生张某与周围的同学嬉戏打闹，导致课堂秩序混乱。课后，苗某将张某叫到自己的办公室，对张某扰乱课堂秩序的行为进行批评，见张某未承认错误，苗某随后用脚踢张某，并用橡皮筋弹其脸。中午放学后，张某全身抽搐被送往医院，经医院诊断为植物神经紊乱，治疗费用高达80万元。此案后经某法院审理，判决该小学承担全部医疗费用。在学校与苗某协商后，由苗某承担其中的60万元费用。

【相关法律法规】

《中华人民共和国教师法》第三十七条：教师有下列情形之一的，由所在学校、其他教育机构或者教育行政部门给予行政处分或者解聘：（一）故意不完成教育教学任务给教育教学工作造成损失的；（二）体罚学生，经教育不改的；（三）品行不良、侮辱学生，影响恶劣的。教师有前款第（二）项、第（三）项所列情形之一，情节严重，构成犯罪的，依法追究刑事责任。

《中华人民共和国义务教育法》第二十九条：教师在教育教学中应当平等对待学生，关注学生的个体差异，因材施教，促进学生的充分发展。教师应当尊重学生的人格，不得歧视学生，不得对学生实施体罚、变相体罚或者其他侮辱人格尊严的行为，不得侵犯学生合法权益。

《中华人民共和国未成年人保护法》第二十七条：学校、幼儿园的教职员工应当尊重未成年人人格尊严，不得对未成年人实施体罚、变相体罚或者其他侮辱人格尊严的行为。

《中华人民共和国民法典》第一千一百六十五条：行为人因过错侵害他人民事权益造成损害的，应当承担侵权责任。依照法律规定推定行为人有过错，其不能证明自己没有过错的，应当承担侵权责任。

《中华人民共和国民法典》第一千一百七十九条：侵害他人造成人身损害的，应当赔偿医疗费、护理费、交通费、营养费、住院伙食补助费等为治疗和康复支出的合理费用，以及因误工减少的收入。造成残疾的，还应当赔偿辅助器具费和残疾赔偿金；造成死亡的，还应当赔偿丧葬费和死亡赔偿金。

《中华人民共和国民法典》第一千一百九十一条：用人单位的工作人员因执行工作任务造成他人损害的，由用人单位承担侵权责任。

用人单位承担侵权责任后，可以向有故意或者重大过失的工作人员追偿。劳务派遣期间，被派遣的工作人员因执行工作任务造成他人损害的，由接受劳务派遣的用工单位承担侵权责任；劳务派遣单位有过错的，承担相应的责任。

【释法概述】

一般来说，中小学生尚未形成规范的秩序意识，有的教师会采取一些生活中常见的教育手段来维持课堂秩序，但这不意味着这些手段被法律所允许。教师维持课堂秩序是其必须履行的义务，应当采取恰当、合理的方式进行，对严重扰乱课堂秩序者应当依法实施教育惩戒，严格规范自己的行为，不得体罚或变相体罚学生。教育部令第49号《中小学教育惩戒规则（试行）》中规定了教师在教育教学管理、实施教育惩戒过程中，不得采取击打、刺扎等直接造成身体痛苦的体罚方式，不得采用超过正常限度的罚站、反复抄写，强制做不适的动作或者姿势，以及刻意孤立等间接伤害身体、心理的变相体罚，不得辱骂或者以歧视性、侮辱性的言行侵犯学生人格尊严，不得因个人或者少数人违规违纪行为而惩罚全体学生，不得因学业成绩而教育惩戒学生，不得因个人情绪、好恶实施或者选择性实施教育惩戒，不得指派学生对其他学生实施教育惩戒及其他侵害学生权利的行为。因教师实施体罚造成学生身心健康严重受损的，学生或其监护人可以依法追究学校的民事侵权责任和刑事责任；学校作为用人单位，在承担相应的侵权责任后，可以向实施侵权行为的具有故意或重大过失的教师进行追偿。

13. 中小学教师能够以有过不良行为为由剥夺学生参加各类活动的权利吗?

不能。

【核心提示】

教师要保护好学生的受教育权、人格权，依法依规行使教育惩戒权。

【以案说法】

李某是某中学初一学生，学习成绩不是很好，因为假期在校外聚众斗殴，情节严重，被公安机关批评教育。在一次学校组织的知识竞赛中，李某报名参加。发试卷时老师发现少一张试卷，就对李某说:“反正你成绩也不好，总打架，参加知识竞赛也没什么用，还是把试卷给别人吧。”于是将试卷发给了其他学生。事后，李某受到同学讥笑，感到又气愤又委屈，遂向法院提起诉讼，请求法院判令学校赔礼道歉，退还本学期学杂费400元和补偿精神损害抚慰金3000元。法院审理认为，教师应当尊重学生人格，平等对待每一位学生，被告教师在发现缺少试卷时，应当采取补救措施，而不应当以原告成绩差、有过不良行为为由，使其丧失参与学习活动的机会。被告教师的做法违反了教师职业规定，侮辱了学生的人格尊严，学校和教师均应当对教师的职务行为承担责任。鉴于受教育权不属于民事权利，原告的请求缺乏相应的法律依据，在法院的主持下，被

告向原告赔礼道歉，原告表示谅解，当庭撤诉。

【相关法律法规】

《中华人民共和国教育法》第四十三条：受教育者享有下列权利：（一）参加教育教学计划安排的各种活动，使用教育教学设施、设备、图书资料；（二）按照国家有关规定获得奖学金、贷学金、助学金；（三）在学业成绩和品行上获得公正评价，完成规定的学业后获得相应的学业证书、学位证书；（四）对学校给予的处分不服向有关部门提出申诉，对学校、教师侵犯其人身权、财产权等合法权益，提出申诉或者依法提起诉讼；（五）法律、法规规定的其他权利。

《中华人民共和国教师法》第八条：（四）关心、爱护全体学生，尊重学生人格，促进学生在品德、智力、体质等方面全面发展。

《中华人民共和国义务教育法》第二十九条：教师在教育教学中应当平等对待学生，关注学生的个体差异，因材施教，促进学生的充分发展。教师应当尊重学生的人格，不得歧视学生，不得对学生实施体罚、变相体罚或者其他侮辱人格尊严的行为，不得侵犯学生合法权益。

【释法概述】

教师在教育教学活动中应当平等对待每名学生，尊重学生的人格，不得歧视学生。考试是教学活动的重要环节之一，学生作为受教育者有正常使用试卷的权利，这一权利不能因为未成年学生有不良行为，甚至被主观判定为成绩差、不值得接受学校教育，而剥夺其参与学习的机会。案例中教师的行为违法，不仅严重违反教师职业规定，也侮辱了学生的人格尊严，必须予以纠正。教师应当关心、爱护全体学生，尊重学生人格，促进学生在品德、智力、体质等方面全面发展。

14. 学生上体育课时受伤，中小学教师需承担责任吗？

教师上体育课是职务行为。不满八周岁的未成年学生在学校上体育课受伤的，学校应当承担侵权责任；但是，能够证明尽到教育、管理职责的，不承担侵权责任。八周岁以上的未成年学生在学校上体育课受到人身损害的，学校未尽到教育、管理职责的，应当承担侵权责任。学校承担侵权责任可根据当事教师的过错等，令其承担部分民事赔偿责任。

【核心提示】

学校及教师对在校学生负有教育、保护、管理的职责。

【以案说法】

某初级中学二年级学生上体育课时，体育教师于某宣布为备战秋季运动会，有比赛项目的同学自由练习，其余同学自由活动。于某布置完就回办公室了。在此期间，学生张某在练习投标枪过程中由于动作变形，投掷出的标枪偏离方向，扎在正在练习跳远的学生李某的小腿上。李某被送往医院，因肌腱受到损伤，在医院疗养两个月，医疗费9321元。李某的父母与学校和张某的家人协商未果，向法院起诉，要求赔偿医疗费、误工费等14645元。法院审理认为，校方疏于管理，有重大过错，应承担相应的责任。被告张某未尽到相应的注意义务，导致原告受伤，故对损害结果的发生有一定的过错，应承担责任。根据最高人民法院相关司法解释，该责任应由张某的监护人承担。法院裁定，支持原告诉求，某初级中学和张某的赔偿比例分别为60%和40%。

【相关法律法规】

《中华人民共和国民法典》第一千一百八十八条：无民事行为能力人、限制民事行为能力人造成他人损害的，由监护人承担侵权责任。监护人尽到监护职责的，可以减轻其侵权责任。有财产的无民事行为能力人、限制民事行为能力人造成他人损害的，从本人财产中支付赔偿费用；不足部分，由监护人赔偿。

《中华人民共和国民法典》第一千一百九十九条：无民事行为能力人在幼儿园、学校或者其他教育机构学习、生活期间受到人身损害的，幼儿园、学校或者其他教育机构应当承担侵权责任；但是，能够证明尽到教育、管理职责的，不承担侵权责任。

《中华人民共和国民法典》第一千二百条：限制民事行为能力人在学校或者其他教育机构学习、生活期间受到人身损害，学校或者其他教育机构未尽到教育、管理职责的，应当承担侵权责任。

《中华人民共和国未成年人保护法》第三十五条第三款：学校、幼儿园安排未成年人参加文化娱乐、社会实践等集体活动，应当保护未成年人的身心健康，防止发生人身伤害事故。

【释法概述】

未成年人由于不能独立辨识和控制自身行为，所以学校安排未成年学生参加文体活动时，应当合理设计，谨慎组织实施，确保未成年人的人身权利不受侵犯，防止发生人身伤害事故。未成年学生的课堂活动应当时刻在教师的指导与看护下进行，若教师未尽管理、保护责任，导致未成年学生在课堂上受到人身伤害，学校具有重大过失，应当对在课堂上发生的侵权行为承担责任。未成年学生属于限制民事行为能力人，在课堂活动中对自己的行为具备一定的认知能力，若由于对自己的行为动作没有尽到合理的注意义务而导致他人受到人身伤害，也具有过错，应当对自己的侵权行为承担责任。

15. 中小学教师在防治学生欺凌中的责任是什么？

教师应当关注因身体条件、家庭背景或者学习成绩等可能导致处于弱势或者特殊地位的学生，发现学生存在被孤立、排挤等情形应及时干预；发现学生有明显的情绪反常、身体损伤等情形，应当及时沟通了解情况，对可能存在的被欺凌情形应及时向学校报告。学校接到报告应当立即开展调查，认为可能构成欺凌的，应当及时提交学生欺凌治理组织认定和处置，并通知相关学生的家长参与欺凌行为的认定和处理，对实施或者参与欺凌行为的学生作出教育惩戒或者纪律处分，对违反治安管理或者涉嫌犯罪等严重欺凌行为的，及时向公安机关、教育行政部门报告，并配合相关部门依法处理。

【核心提示】

教师负有防治学生欺凌的重要责任。

【以案说法】

事例一：段某因家庭原因自幼性格较为内向，段某父亲因工作原因无法照料其日常生活，便安排段某转入某寄宿制中学学习。同学李某因段某拒绝帮其捉弄其他同学而怀恨在心，一天晚自习后，李某伙同校外人员陈某等在宿舍楼附近堵住段某并对其进行“训话”。段某发现班主任赵某路过便喊了一声，但赵某未在意此事。赵

某离去后，李某与陈某对段某进行殴打，导致段某肋骨骨折、全身多处软组织挫伤、脑部淤血。学校保安发现此事后报警。李某、陈某因案发时已年满十六周岁，人民法院审理判决两人有期徒刑一年，并赔偿段某各项损失50万元。该寄宿制中学因管理失职向段某赔偿10万元。赵某因工作失职被学校解除劳动合同。

事例二：杨某系某小学学生。一天上体育课时，杨某与同学薛某因琐事发生争执，后被同班同学拉开。课后，杨某将薛某堵在学校厕所里进行侮辱、殴打，导致薛某眼部损伤。班主任苏某得知此事，但因杨某与自己存在亲戚关系，就没有第一时间向学校报告，而是私下带着薛某在校医院进行冷敷。薛某回家后，眼睛越发疼痛，父母带其前往某三甲医院进行诊治，诊断结果为眼部严重损伤、视力严重下降。薛某父母将苏某、杨某等人诉至法院。经法院审理，杨某向薛某赔偿损失70万元，苏某因未尽到相应的义务而赔偿薛某20万元。鉴于苏某品行极其低下，当地教育行政部门撤销其教师资格证。

【相关法律法规】

《中华人民共和国民法典》第一千一百九十九条：无民事行为能力人在幼儿园、学校或者其他教育机构学习、生活期间受到人身损害的，幼儿园、学校或者其他教育机构应当承担侵权责任；但是，能够证明尽到教育、管理职责的，不承担侵权责任。

《中华人民共和国民法典》第一千二百条：限制民事行为能力人在学校或者其他教育机构学习、生活期间受到人身损害，学校或者其他教育机构未尽到教育、管理职责的，应当承担侵权责任。

《中华人民共和国未成年人保护法》第十一条第一款：任何组织或者个人发现不利于未成年人身心健康或者侵犯未成年人合法权益的情形，都有权劝阻、制止或者向公安、民政、教育等有关部门提

出检举、控告。

《中华人民共和国未成年人保护法》第三十九条：学校应当建立学生欺凌防控工作制度，对教职员工、学生等开展防治学生欺凌的教育和培训。学校对学生欺凌行为应当立即制止，通知实施欺凌和被欺凌未成年学生的父母或者其他监护人参与欺凌行为的认定和处理；对相关未成年学生及时给予心理辅导、教育和引导；对相关未成年学生的父母或者其他监护人给予必要的家庭教育指导。对实施欺凌的未成年学生，学校应当根据欺凌行为的性质和程度，依法加强管教。对严重的欺凌行为，学校不得隐瞒，应当及时向公安机关、教育行政部门报告，并配合相关部门依法处理。

【释法概述】

学生欺凌是指发生在学生之间，一方蓄意或者恶意通过肢体、语言及网络等手段实施欺压、侮辱，造成另一方人身伤害、财产损失或者精神损害的行为。校园欺凌常常是一方在年龄、身体或者人数等方面占优势后实施的，如不及时制止，发展下去就会形成校园暴力行为，以辱骂、打斗、抢夺等多种暴力方式攻击并造成另一方学生心理、身体、财产等方面的损失。学校落实法律规定建立学生欺凌防控专项制度并有效组织实施，至关重要；教师则是防治学生欺凌、预防校园暴力发生的关键。教师坚决制止有害于学生的行为或者其他侵犯学生合法权益的行为，批评和抵制有害于学生健康成长的现象，发挥的是防患于未然的作用；教师、学校及时有效地处置已经发生的校园暴力事件，能够最大限度地保护弱势的一方，减轻损害程度，守住保障学生身心健康的底线。防治学生欺凌，除教师、学校依法履职尽责外，还需要公安等部门、学生父母或者其他监护人等一同发力综合治理，才能确保每名学生在同一片蓝天下健康快乐地成长。

16. 教师发现未成年学生疑似在校外受到不法侵害怎么办?

立即向学校报告，并通过学校向公安机关、教育行政部门报告。

【核心提示】

教师有义务执行侵害未成年人案件强制报告制度。

【以案说法】

一天，某小学教师王某某发现本校六年级女生董某某在校外抽烟，之后在与董某某耐心细致的交流中了解到董某某曾与他人发生性关系，疑似遭受性侵害，且通过董某某得知该校另一名六年级女生陈某某也有类似遭遇。发现上述情况后，王某某第一时间报告学校，学校根据市里关于侵害未成年人案件强制报告制度的要求，立即向公安机关报案；同时，区教育局将有关情况通报检察机关。经查证，2018年至2019年3月，校外闲散人员朱某某、何某某等人明知董某某、陈某某系不满十四周岁幼女，仍假借“谈恋爱”之由与其发生性关系。该市检察院以强奸罪对朱某某、何某某等人提起公诉。法院依法对朱某某、何某某等人定罪量刑。

【相关法律法规】

《中华人民共和国未成年人保护法》第四十条第一款：学校、幼

儿园应当建立预防性侵害、性骚扰未成年人工作制度。对性侵害、性骚扰未成年人等违法犯罪行为，学校、幼儿园不得隐瞒，应当及时向公安机关、教育行政部门报告，并配合相关部门依法处理。

《中华人民共和国刑法》第二百三十六条第二款：奸淫不满十四周岁幼女的，以强奸论，从重处罚。

【释法概述】

低龄学生容易受到社会不良影响，在与校外闲散人员的不当交往中遭受欺凌、性侵害等，学校、教师必须及时干预、制止伤害。侵害未成年人案件强制报告，是指国家机关、法律法规授权行使公权力的各类组织及法律规定的公职人员，密切接触未成年人行业的各类组织及其从业人员，在工作中发现未成年人遭受或者疑似遭受不法侵害以及面临不法侵害危险的，应当立即向公安机关报案或举报。最高人民法院、最高人民检察院、公安部、司法部印发的《关于依法惩治性侵害未成年人犯罪的意见》提出，对未成年人负有监护、教育、训练、救助、看护、医疗等特殊职责的人员以及其他公民和单位，发现未成年人受到性侵害，有权利也有义务向公安机关、人民检察院、人民法院报案或者举报。通过加强法治教育与安全建设、家校共育等，扎牢防护网，避免低龄未成年人受到犯罪侵害和滋扰。

17. 中小学教师公布学生成绩排名的行为合法吗?

不合法。

【核心提示】

教师应当尊重和保护学生的人格尊严，尊重学生名誉。

【以案说法】

某中学班主任李某将学生考试成绩排名公布，意在激励大家发奋图强。该班学生霍某考试失利，成绩排名下滑严重，因排名被公布而遭到同学嘲笑。霍某上课期间跑出校园，不慎遭遇了车祸。事发后，霍某的父母向法院起诉，认为学校在管理方面存在漏洞。经法院审理认定，该中学因教学期间管理不当导致霍某外出发生车祸，应当赔偿霍某30万元。当地教育行政部门认定李某的教学方式不当，未采取合理的方式激励学生学习，决定给予李某记大过处分。

【相关法律法规】

《中华人民共和国民法典》第一千一百六十五条：行为人因过错侵害他人民事权益造成损害的，应当承担侵权责任。依照法律规定推定行为人有过错，其不能证明自己没有过错的，应当承担侵权责任。

《中华人民共和国民法典》第一千二百条：限制民事行为能力人在学校或者其他教育机构学习、生活期间受到人身损害，学校或者其他教育机构未尽到教育、管理职责的，应当承担侵权责任。

《中华人民共和国未成年人保护法》第二十九条：学校应当关

心、爱护未成年学生，不得因家庭、身体、心理、学习能力等情况歧视学生。对家庭困难、身心有障碍的学生，应当提供关爱；对行为异常、学习有困难的学生，应当耐心帮助。学校应当配合政府有关部门建立留守未成年学生、困境未成年学生的信息档案，开展关爱帮扶工作。

《中华人民共和国教师法》第八条：教师应当履行下列义务：（一）遵守宪法、法律和职业道德，为人师表；（二）贯彻国家的教育方针，遵守规章制度，执行学校的教学计划，履行教师聘约，完成教育教学工作任务；（三）对学生进行宪法所确定的基本原则的教育和爱国主义、民族团结的教育，法制教育以及思想品德、文化、科学技术教育，组织、带领学生开展有益的社会活动；（四）关心、爱护全体学生，尊重学生人格，促进学生在品德、智力、体质等方面全面发展；（五）制止有害于学生的行为或者其他侵犯学生合法权益的行为，批评和抵制有害于学生健康成长的现象；（六）不断提高思想政治觉悟和教育教学业务水平。

【释法概述】

通过考试，教师可以有针对性地掌握学生的知识学习情况和发展动态，从而因材施教，更好地开展教育教学，促进学生对教学内容的全面掌握。考试成绩排名的公开极易导致学生之间产生攀比、排挤等现象，使学生的人格尊严事实上受损。教师有义务保障学生健康快乐成长，对排名信息加以保密，避免在教学过程中因学生的学习成绩不同而厚此薄彼。学校、教师应当坚持最有利于未成年人的原则，注重保护和教育相结合，适应学生身心健康发展的规律和特点，关心爱护每个学生，尊重和保护学生的人格尊严，尊重学生名誉，不得泄露学生个人考试成绩、名次及其家庭隐私等学业信息，但应当便于学生本人和家长知晓。

18. 教师为制止学生自我伤害而不慎致其受伤，是否需要承担责任？

不需要。

【核心提示】

为降低行为人受伤风险致其受伤不是侵权行为。

【以案说法】

高某是某中学的高三学生，临近高考时学习成绩一直不理想，加上父母多次提出苛刻要求，使其心理备受折磨。一天放学时，高某走上教学楼顶欲轻生，被巡楼的值班老师发现了。值班老师将其从阳台上拽下，由于用力过猛，导致高某头部碰到铁栏杆上，造成轻伤。事发后，高某的父母来到学校，认为值班老师的救助行为造成了孩子的轻伤，学校及值班老师需要承担一定责任。当地警方进行了调解，认定值班老师的救助行为是合法的，没有过错，虽然对学生造成了轻伤，但实际上大大降低了学生原本要跳楼的风险，故值班老师和学校不应当承担任何民事责任和刑事责任。

【相关法律法规】

《中华人民共和国民法典》第一百八十四条：因自愿实施紧急救助行为造成受助人损害的，救助人不承担民事责任。

《中华人民共和国民法典》第一千一百六十五条：行为人因过错侵害他人民事权益造成损害的，应当承担侵权责任。依照法律规定推定行为人有过错，其不能证明自己没有过错的，应当承担侵权责任。

《中华人民共和国民法典》第一千二百条：限制民事行为能力人在学校或者其他教育机构学习、生活期间受到人身损害，学校或者其他教育机构未尽到教育、管理职责的，应当承担侵权责任。

《中华人民共和国刑法》第二十一条：为了使国家、公共利益、本人或者他人的人身、财产和其他权利免受正在发生的危险，不得已采取的紧急避险行为，造成损害的，不负刑事责任。

【释法概述】

教师在负有组织、管理未成年学生的职责期间，发现学生行为具有危险性，但未对其进行必要的管理、告诫或者制止，造成的学生伤害事故，学校应当依法承担相应责任；如果学生因自我伤害造成伤害事故，学校已履行了相应职责，行为并无不当的，无法律责任。教师履责救助学生时的行为是合法的，主观上无过错，不属于侵权行为，不需要承担侵权责任。同时，作为教师，无论是从教师职业伦理角度，还是从人的一般道德要求出发，都应该积极实施救助行为，不仅要挽救学生，制止悲剧发生，而且还要弘扬正确的人生观和价值观。

19. 教师应当为中学生操作教学实验仪器不当导致的伤害承担责任吗?

根据在教学中的过错程度，教师承担相应责任。

【核心提示】

学校及教师对在校学生负有教育、保护、管理的职责。

【以案说法】

王某是某高中一年级学生。一天上化学实验课时，王某擅自收集其他同学实验时剩余的少量化学药粉，并将其放入自己做实验的试管中导致爆炸，脸被灼伤。王某就医药费承担问题与学校发生纠纷并诉至法院。学校主张，王某未按照老师要求操作而导致事故发生，责任应当自负。王某的监护人认为，事故主要是由于老师发给学生的化学药粉有剩余才会导致王某犯错，学校应承担责任。法院审理认为，学校对未成年人在校期间受到的人身损害是否承担侵权责任，要看学校在教学以及学生管理工作中有无过错，承担责任的大小也要根据其过错程度来确定。王某虽然是未成年人，但作为高一学生，应当对自己的行为具备基本的认知能力以及合理的预判能力。王某随意加大实验剂量，导致爆炸事故，自己被灼伤，其主观上具有较大过错，而且其违规违纪行为与损害结果之间存在因果关系，故认定王某应当承担主要责任。本案中，教师未注意到王某的违规行为，属过失，但学校过错小于王某自身的过错程度，故认定学校承担次要责任。

【相关法律法规】

《中华人民共和国民法典》第一千二百条：限制民事行为能力人在学校或者其他教育机构学习、生活期间受到人身损害，学校或者其他教育机构未尽到教育、管理职责的，应当承担侵权责任。

《中华人民共和国教育法》第四十四条：受教育者应当履行下列义务：（一）遵守法律、法规；（二）遵守学生行为规范，尊敬师长，养成良好的思想品德和行为习惯；（三）努力学习，完成规定的学习任务；（四）遵守所在学校或者其他教育机构的管理制度。

《中华人民共和国未成年人保护法》第三十五条第三款：学校、幼儿园安排未成年人参加文化娱乐、社会实践等集体活动，应当保护未成年人的身心健康，防止发生人身伤害事故。

【释法概述】

学生违反法律法规的规定，违反社会公共行为准则、学校的规章制度或者纪律，实施按其年龄和认知能力应当知道具有危险或者可能危及他人的行为，造成伤害事故的，学生或者未成年学生监护人应当依法承担相应的责任。实验教学是教师的必要授课内容，学生通过老师的讲授对课堂上使用实验物品都应具有清晰的认知，并且能够判断危险。在明知危险的情况下，严重违反学校的管理制度，违反课堂实验规定、材料使用规定，导致人身损害发生的，学生自身存在重大过错，应对自身的损害行为承担主要责任。教师在课堂教学中若因疏忽大意，尤其是在严谨的实验教学中忽视了个别学生的危险行为，会被视为没有尽到教育管理职责，存在一定的过失，故学校对损害应承担次要责任。

20. 中小学教师发现在校学生突发疾病或受到伤害时未及时采取措施需要承担责任吗?

需要。

【核心提示】

学校及教师对在校学生的保护应尽职尽责。

【以案说法】

某中学学生王某在学校参加体育活动时，突然感到身体不适，随即晕倒在地。老师简单查看后认为王某可能是中暑缺氧导致晕倒，便让几名同学将其抬到阴凉地方休息，并未采取其他措施，也未过多关注。约一小时后，见王某还没有苏醒，老师开始联系王某家长，待家长到校后共同将王某送往医院救治。王某经医院抢救无效死亡。经医院查询王某此前病例并结合诊断表明，王某为先天性心脏病病发导致死亡。王某家长认为王某死亡的首要原因是学校未尽到相应职责所致，因此起诉学校，要求学校承担医疗费、丧葬费、死亡赔偿金、精神损失费等。法院审理认为，王某死亡的首要原因是自身疾病所致，王某家长未向学校告知王某疾病情况。但该中学在履行教育、管理职责过程中具有一定的过失，故判决该中学承担医疗费及死亡赔偿金等合理损失的30%。

【相关法律法规】

《中华人民共和国未成年人保护法》第三十七条：学校、幼儿园应当根据需要，制定应对自然灾害、事故灾难、公共卫生事件等突发事件和意外伤害的预案，配备相应设施并定期进行必要的演练。未成年人在校内、园内或者本校、本园组织的校外、园外活动中发生人身伤害事故的，学校、幼儿园应当立即救护，妥善处理，及时通知未成年人的父母或者其他监护人，并向有关部门报告。

《中华人民共和国义务教育法》第二十四条：学校应当建立、健全安全制度和应急机制，对学生进行安全教育，加强管理，及时消除隐患，预防发生事故。县级以上地方人民政府定期对学校校舍安全进行检查；对需要维修、改造的，及时予以维修、改造。学校不得聘用曾经因故意犯罪被依法剥夺政治权利或者其他不适合从事义务教育工作的人担任工作人员。

《中华人民共和国民法典》第一千二百条：限制民事行为能力人在学校或者其他教育机构学习、生活期间受到人身损害，学校或者其他教育机构未尽到教育、管理职责的，应当承担侵权责任。

【释法概述】

按照法律规定，学校既有对学生进行教育的职责，也有依法依章程对学生进行管理的权利，同时，负有对学生保护的职责。学校、教师对受到伤害的学生负有立即救助的义务，学校及其工作人员在工作中发现未成年人身心健康受到侵害、疑似受到侵害或者面临其他危险情形的，负有立即向有关部门报告的义务。同时，未成年学生的监护人发现其有特异体质、特定疾病或者异常心理状况的，应当及时告知学校，由学校、教师合理安排其参与相关教学活动，共同保护好未成年学生的身心健康。

21. 寄宿制学校教师需要对初中生擅自离校住宿导致的伤害承担责任吗?

学生本人及其监护人要承担主要责任，学校若在履行管理职责上存在过失则要承担次要责任。

【核心提示】

保障寄宿制学校的学生安全，父母监护、学校管理缺一不可。

【以案说法】

张某系某乡中学初三学生，新学期开学时办理了寄宿手续。该中学规定寄宿生不得擅自外出住宿。一天，张某在同学冷某的邀请下擅自离校到校外房东刘某家住宿近两个星期，学校对此一无所知；在刘某家住宿的最后一天凌晨，张某用菜刀将冷某砍伤，房东刘某在制止过程中亦受伤，随后张某便不知去向。5天后，张某尸体在离学校不远的水塘被发现，经尸检张某系生前落水窒息死亡。为妥善处理此事，某县公安局主持某乡中学、某县教委、某乡政府、某村委会等单位及张某亲属就张某死亡赔偿问题达成协议，约定由该乡中学一次性给予张某亲属安葬费及其他费用共计10000元，后派出所撤销了此案。张某父母认为学校承担责任太轻，在与学校协商未果后向县法院提起诉讼，要求学校承担全部赔偿责任。法院审理认为，张某作为寄宿生外出住宿近两个星期，学校都没有查明并教育管理，存在过错，应当承担责任；张某对于学校的管理规定和自己擅自离校的错误行为以及伤人行为都应具有必要的判断能力，知道行为的危险性，应承担与自己的过错相对应的责任。最终法院判定该乡中学承担40%的责任，赔偿31250元。

【相关法律法规】

《中华人民共和国民法典》第一千二百条：限制民事行为能力人在学校或者其他教育机构学习、生活期间受到人身损害，学校或者其他教育机构未尽到教育、管理职责的，应当承担侵权责任。

《中华人民共和国教育法》第四十四条：受教育者应当履行下列义务：（一）遵守法律、法规；（二）遵守学生行为规范，尊敬师长，养成良好的思想品德和行为习惯；（三）努力学习，完成规定的学习任务；（四）遵守所在学校或者其他教育机构的管理制度。

《中华人民共和国义务教育法》第二十四条：学校应当建立、健全安全制度和应急机制，对学生进行安全教育，加强管理，及时消除隐患，预防发生事故。县级以上地方人民政府定期对学校校舍安全进行检查；对需要维修、改造的，及时予以维修、改造。学校不得聘用曾经因故意犯罪被依法剥夺政治权利或者其他不适合从事义务教育工作的人担任工作人员。

《中华人民共和国未成年人保护法》第三十三条：学校应当与未成年学生的父母或者其他监护人互相配合，合理安排未成年学生的学习时间，保障其休息、娱乐和体育锻炼的时间。学校不得占用国家法定节假日、休息日及寒暑假期，组织义务教育阶段的未成年学生集体补课，加重其学习负担。幼儿园、校外培训机构不得对学龄前未成年人进行小学课程教育。

【释法概述】

受教育者在学校应当遵守学校的管理制度，学校也应对学生加强安全教育，预防学生违反安全规定发生事故。未成年学生对自己

的行为没有足够的认知，不能完全预见到离开学校和家长的保护会发生危害的可能性和全部后果。学生未经学校批准和监护人的同意，违反学校的寄宿管理制度擅自离开校园而遭受人身损害，学生对于自身的损害具有重大过错，应承担主要责任。学校应当与未成年学生的监护人相互配合，合理安排未成年学生的学习和休息时间，做到在校时间和出校时间家校无缝衔接，保证学生离开校园就应在监护人的监护范围内。若监护人没有适当关注，存在一定过失的，应对未成年人离开校园后发生的人身损害承担一部分责任。对于学生擅自离开校园的行为，学校长时间没有发现，则学校没有尽到管理义务，存在过失，应对学生在校外发生的人身损害承担次要责任。

22. 教师应当承担学生因考试作弊受处分后自我伤害的赔偿责任吗？

视学校、教师在学生管理中的过错程度，由学校承担相应赔偿责任。

【核心提示】

学校有权利对违反校规校纪的学生给予批评教育或纪律处分，并将处分情况通知家长。

【以案说法】

一天下午，某中学学生李某在参加期中考试时夹带纸条，被监考老师发现，老师当即没收纸条并令其交卷。校教务处、政教处研究认定李某作弊事实成立，当日决定给予李某记过处分。次日上午9时，学校将处分决定张贴于公示栏内。李某于10时多看到了处分决定，随后找到监考老师及政教处主任要求取消处分决定，未获同意；李某于12时许回到家中，没有去学校参加下午的英语考试；李某母亲17时50分到家发现门被反锁，19时撬门进屋发现李某轻生，立即将其送至医院抢救，医院确定李某已死亡。此案后经二审终结。二审法院认为，学校对李某夹带纸条的行为按作弊处理并无不当，学校有权根据学生所犯错误的程度给予批评教育或者纪律处分，张贴处分决定既是对违纪者的惩戒，也是对其他学生的警示，且张贴范围只在校园内，并没有扩大范围，因此学校张贴处分决定的行为也不具有违法性。学校对李某给予处分后，没有及时通知其家长，仅

追求惩戒的时效性，也没有根据学生的心理承受能力做好教育、疏导工作，对于悲剧的发生负有一定的责任。法院最终认定，学校应当承担20%的赔偿责任。

【相关法律法规】

《中华人民共和国教育法》第二十九条第四款：学校及其他教育机构行使下列权利：（四）对受教育者进行学籍管理，实施奖励或者处分。

《中华人民共和国教育法》第四十三条：受教育者享有下列权利：（四）对学校给予的处分不服向有关部门提出申诉，对学校、教师侵犯其人身权、财产权等合法权益，提出申诉或者依法提起诉讼。

《中华人民共和国教育法》第四十四条：受教育者应当履行下列义务：（一）遵守法律、法规；（二）遵守学生行为规范，尊敬师长，养成良好的思想品德和行为习惯；（三）努力学习，完成规定的学习任务；（四）遵守所在学校或者其他教育机构的管理制度。

【释法概述】

学校有权对严重违反学校纪律的学生给予批评教育或者纪律处分，并将处分情况通知学生家长。鉴于未成年学生心理发育尚未成熟，对外界刺激的承受能力有限，学生之间的个体差异也比较大，因此学校在处分学生时应当充分考虑学生的心理承受能力，同时做好教育、疏导工作。特别是发现学生没有正常上学时，学校应当及时与家长联系确认学生的情况。学校发现未成年学生擅自离校等与学生人身安全直接相关的信息但未及时告知未成年学生的监护人，导致未成年学生因脱离监护人的保护而发生伤害的，学校应当依法承担相应的责任。

23. 幼儿园教师以评选家委会会长为由要“赞助”的行为合法吗?

不合法。

【核心提示】

受教育者依法享有平等权利，学校应遵照国家有关规定收取费用并公开收费项目。

【以案说法】

陈某系某私立幼儿园的教师。一天，陈某无意间向家长赵某提起该幼儿园因资金短缺无法增添新型教学设备的事情，赵某表示若学校可以让自己当选下一届家长委员会的会长，则自己可以协助解决购买设备的资金问题，园方得知后表示同意。事后，赵某以利益换取幼儿园家长委员会会长一事被其他家长得知并举报至当地教育行政部门。当地教育行政部门调查核实后，责令该私立幼儿园退还赵某的钱款，并给予该事件直接责任人园长李某和教师陈某撤销教师资格的处分。

【相关法律法规】

《中华人民共和国教育法》第七十八条：学校及其他教育机构违反国家有关规定向受教育者收取费用的，由教育行政部门或者其他有关行政部门责令退还所收费用；对直接负责的主管人员和其他直接责任人员，依法给予处分。

《幼儿园管理条例》第二十四条：幼儿园可以依据本省、自治区、直辖市人民政府制定的收费标准，向幼儿家长收取保育费、教育费。幼儿园应当加强财务管理，合理使用各项经费，任何单位和个人不得克扣、挪用幼儿园经费。

【释法概述】

我国法律法规规定，严禁各类学校或者教育机构违反国家有关规定向受教育者收取费用。幼儿园收费统一为保育费、教育费、住宿费，为在园幼儿教育、生活提供方便而代收代管的各类费用应该遵循家长自愿、据实收取、及时结算、定期公布的原则，不得与保育费、教育费一并收取。幼儿园严禁以任何名义向入园幼儿家长收取赞助费、捐资助学费、建校费、教育成本补偿费等与入园挂钩的费用，严禁以开办实验班、特色班、兴趣班、课后培训班和亲子班等特色教育为名向家长另行收取费用。

24. 幼儿园教师针刺哭闹幼儿违法吗?

违法。

【核心提示】

幼儿园教师应当采取合理方式管教幼儿，不得采取过激手段管教甚至伤害幼儿。

【以案说法】

陈某在某县幼儿园担任幼师、保育员期间，因幼儿不服从管教，多次采取用针扎屁股，用手、梳子打脸和打屁股等方式，对所带托班卓某等七名不满三周岁的幼儿实施体罚、虐待。某日，一名家长送孩子入园时看到陈某抱着一名幼儿，手里拿着一根针，逼迫孩子吃饭并用针扎了其屁股两下。被针扎的幼儿的母亲后来报警，此事案发，陈某被民警口头传唤到案，供述了上述事实。当地检察机关以虐待被看护人罪将陈某诉至人民法院。法院经审理认定，陈某的犯罪事实清楚，证据确凿充分，考虑到陈某积极对受害人进行赔偿且取得受害人及其监护人的谅解，因此以虐待被看护人罪判处陈某有期徒刑一年，并决定自刑罚执行完毕之日或者假释之日起三年内，禁止被告人陈某从事学前教育、保育、看护类相关职业。

【相关法律法规】

《中华人民共和国未成年人保护法》第二十七条：学校、幼儿园的教职员工应当尊重未成年人人格尊严，不得对未成年人实施体罚、

变相体罚或者其他侮辱人格尊严的行为。

《中华人民共和国教师法》第八条：教师应当履行下列义务：(一）遵守宪法、法律和职业道德，为人师表；（二）贯彻国家的教育方针，遵守规章制度，执行学校的教学计划，履行教师聘约，完成教育教学工作任务；（三）对学生进行宪法所确定的基本原则的教育和爱国主义、民族团结的教育，法制教育以及思想品德、文化、科学技术教育，组织、带领学生开展有益的社会活动；（四）关心、爱护全体学生，尊重学生人格，促进学生在品德、智力、体质等方面全面发展；（五）制止有害于学生的行为或者其他侵犯学生合法权益的行为，批评和抵制有害于学生健康成长的现象；（六）不断提高思想政治觉悟和教育教学业务水平。

《中华人民共和国刑法》第二百六十条之一：对未成年人、老年人、患病的人、残疾人等负有监护、看护职责的人虐待被监护、看护的人，情节恶劣的，处三年以下有期徒刑或者拘役。

【释法概述】

学前幼儿的生理和心理都处于发育初级阶段，自我保护能力很弱，是重点呵护的对象。若随意把体罚幼儿当“教育”手段，不仅会触及社会道德底线，还涉嫌违法。防范体罚幼儿事件的发生，除了要加强师德师风建设、提高教师素质、严把教师“进入关”以外，关键是倡导依法治校、依法执教，对违法者实行“零容忍”，依法进行惩处，以保护儿童身心健康成长，维护儿童的合法权益。

25. 教师搜查学生随身物品的行为合法吗?

不合法。

【核心提示】

教师应当尊重学生的人格，保护学生隐私权。

【以案说法】

苏某系某中学教师，一天外出开会时未锁办公室门，开完会回到办公室发现自己抽屉内的2000元现金丢失了。在了解到隔壁班级赵某、李某曾进入办公室后，苏某将赵某和李某叫至办公室询问。两人拒不承认钱的丢失与自己有关。苏某气急之下对赵某和李某进行了搜身，并对两人的书包进行搜查，均未发现2000元钱。事后校内师生间便传言赵某和李某偷老师钱，使两人心理压力过大，两人遂产生厌学情绪。赵某、李某的家长得知事情原委后，认为苏某未经允许便搜查他人物品严重侵犯个人隐私权且造成了恶劣影响，遂向当地教育行政部门投诉。当地教育行政部门调查后认为，苏某随意搜查学生物品的行为造成了极其恶劣的影响，决定取消苏某的教师资格，苏某应当公开向赵某、李某赔礼道歉，并安排赵某、李某所在的中学对两人进行心理辅导。

【相关法律法规】

《中华人民共和国民法典》第一千零三十三条：除法律另有规定或者权利人明确同意外，任何组织或者个人不得实施下列行为：

（一）以电话、短信、即时通讯工具、电子邮件、传单等方式侵扰他人的私人生活安宁；（二）进入、拍摄、窥视他人的住宅、宾馆房间等私密空间；（三）拍摄、窥视、窃听、公开他人的私密活动；（四）拍摄、窥视他人身体的私密部位；（五）处理他人的私密信息；（六）以其他方式侵害他人的隐私权。

《中华人民共和国未成年人保护法》第四条：保护未成年人，应当坚持最有利于未成年人的原则。处理涉及未成年人事项，应当符合下列要求：（一）给予未成年人特殊、优先保护；（二）尊重未成年人人格尊严；（三）保护未成年人隐私权和个人信息；（四）适应未成年人身心健康发展的规律和特点；（五）听取未成年人的意见；（六）保护与教育相结合。

【释法概述】

在实际生活中，教师经常会因各类检查或物品丢失而搜查学生的随身物品，这是不合法的。这种行为没有尊重未成年人的人格尊严，也没有保护未成年人的隐私权，对未成年人身心伤害极大，严重地影响了人民教师的社会声誉，因此必须杜绝。

26. 幼儿绘画作品经幼儿园老师推荐出版时的著作权该怎样保护?

幼儿拥有绘画作品的著作权，由于其为无民事行为能力人，故该权利由其父母或者其他监护人代为行使。

【核心提示】

著作权是公民的一项权利，不管是成年人还是未成年人，均依法享有著作权。

【以案说法】

某幼儿园幼儿李某的绘画作品多次在儿童画展上获奖。某出版社计划出版《儿童优秀美术作品选》，李某署名的作品被老师推荐出版，但出版后的作品只有“某幼儿园供稿”字样。李某家长知道后找出版社索要样书、稿酬及作者证明，出版社答复样书可以给，证明可以开，但选登李某的画已得到某幼儿园的同意，稿酬已统一支付给了该幼儿园。幼儿园则认为李某的画作得到了老师的指导、推荐并出版，对李某来说是一种荣耀，家长不应再索要稿酬。李某家长将出版社及幼儿园诉至法院。法院审理认为，李某能否成为法律保护的主体，关键看他是否创作了受法律保护的作品。李某的画是艺术领域内具有独创性并能以某种有形形式复制的智力创作成果，完全符合条件，其创作作品应受到法律的有效保护。幼儿园在未经

作者监护人许可的情况下将作品提供给出版社，且没有给作者署名，与出版社共同侵犯了作者的著作权。法院最终判决将该作品的稿酬全部支付给李某。

【相关法律法规】

《中华人民共和国著作权法》第十条：著作权包括下列人身权和财产权：（二）署名权，即表明作者身份，在作品上署名的权利。

《中华人民共和国著作权法》第十一条：著作权属于作者，本法另有规定的除外。创作作品的自然人是作者。由法人或者非法人组织主持，代表法人或者非法人组织意志创作，并由法人或者非法人组织承担责任的作品，法人或者非法人组织视为作者。

《中华人民共和国著作权法》第五十二条：有下列侵权行为的，应当根据情况，承担停止侵害、消除影响、赔礼道歉、赔偿损失等民事责任：（七）使用他人作品，应当支付报酬而未支付的。

《中华人民共和国民法典》第二十条：不满八周岁的未成年人为无民事行为能力人，由其法定代理人代理实施民事法律行为。

【释法概述】

我国法律规定，创作作品的公民就是该作品的作者。著作权法所称作品是指文学、艺术和科学领域内，具有独创性并能以某种有形形式复制的智力创作成果。幼儿也是公民，其创作的作品应受到法律的有效保护，年龄的大小虽能影响人的行为能力但不能影响人的权利，由于幼儿为无民事行为能力人，故该权利由其监护人代为行使。

27. 幼儿园教师公布幼儿体检结果的做法合适吗？

不合适。

【核心提示】

保护未成年人隐私权。

【以案说法】

某幼儿园在组织园内幼儿进行体检后，为了方便家长们知晓体检结果，由各班老师将体检项目、结果以列表方式统一公布在教室门旁。家长在接送孩子时看到孩子的体检结果被公示，纷纷议论，认为这一行为侵犯了幼儿的合法权利。经过反映和沟通，幼儿园负责人表示立即对此事进行整改，不仅立即撤下已经发布的体检信息，同时，向全体幼儿及其父母或者其他监护人表示歉意，表示以后会加强对全体教职工的法制教育，杜绝此类事件的发生。

【相关法律法规】

《中华人民共和国未成年人保护法》第四条：保护未成年人，应当坚持最有利于未成年人的原则。处理涉及未成年人事项，应当符合下列要求：（一）给予未成年人特殊、优先保护；（二）尊重未成年人人格尊严；（三）保护未成年人隐私权和个人信息；（四）适应未成年人身心健康发展的规律和特点；（五）听取未成年人的意见；

（六）保护与教育相结合。

《中华人民共和国教师法》第八条：教师应当履行下列义务：（一）遵守宪法、法律和职业道德，为人师表；（二）贯彻国家的教育方针，遵守规章制度，执行学校的教学计划，履行教师聘约，完成教育教学工作任务；（三）对学生进行宪法所确定的基本原则的教育和爱国主义、民族团结的教育，法制教育以及思想品德、文化、科学技术教育，组织、带领学生开展有益的社会活动；（四）关心、爱护全体学生，尊重学生人格，促进学生在品德、智力、体质等方面全面发展；（五）制止有害于学生的行为或者其他侵犯学生合法权益的行为，批评和抵制有害于学生健康成长的现象；（六）不断提高思想政治觉悟和教育教学业务水平。

【释法概述】

健康状况是个人的生理隐私，不管是成年人还是未成年人，这种隐私权都应得到尊重，受到法律的保护。隐私权作为人身权之一，是与生俱来的，不会因为年龄小而打折扣。现实生活中未成年人隐私权得不到尊重和保护的情况时有发生。在学校教学工作中，学生的隐私不仅受法律的保护，也受到社会道德的维护。教师是学生信任的人，学生往往毫无防备地向教师展现自己的内心世界。尊重未成年人的隐私既是开展教学工作的需要，也是保障未成年人健康成长的必然要求。教师应当言传身教，以自身行动为未成年人树立尊重他人隐私、保障他人合法权益的榜样。

28. 中小学教师下班后去家访途中受伤应当认定为工伤吗？

应当。

【核心提示】

家访是中小学教师教育管理工作的组成部分，符合工伤认定标准。

【以案说法】

田某系某中学教师。一天，田某负责的班级有两名学生未按时返校，在向校领导报告后，其被安排前往这两名学生家中进行家访。田某在家访结束返回学校途中不幸遭遇车祸，经医院抢救无效死亡。田某的家属要求学校支付丧葬费等费用，学校以社会保险部门未认定田某的死亡属于工伤而拒绝支付相关费用。田某家属向法院提起诉讼，法院审理认定，田某家访属于工作内容，家访返回途中属于下班途中，且田某发生车祸并非其本人主要责任，因此田某的死亡应当认定为工伤。

【相关法律法规】

《工伤保险条例》第十四条：职工有下列情形之一的，应当认定为工伤：（一）在工作时间和工作场所内，因工作原因受到事故伤害的；（二）工作时间前后在工作场所内，从事与工作有关的预备性或者收尾性工作受到事故伤害的；（三）在工作时间和工作场所内，因

履行工作职责受到暴力等意外伤害的；（四）患职业病的；（五）因工外出期间，由于工作原因受到伤害或者发生事故下落不明的；（六）在上下班途中，受到非本人主要责任的交通事故或者城市轨道交通、客运轮渡、火车事故伤害的；（七）法律、行政法规规定应当认定为工伤的其他情形。

【释法概述】

工伤保险制度作为国家的一项基本的劳动保障政策，它保障的是劳动者在劳动过程中遭受事故和职业病伤害，造成暂时或永久丧失劳动能力时，获得医疗救治、经济补偿和职业康复服务的权利。教师在非工作时间并离开工作场所后，因履行工作任务而发生意外造成伤残请求的赔偿，应依据国家法律法规及政策来确定，通过工伤保险制度来实现保护教师的合法权益。一般来说，工作原因是认定工伤的核心要件，也是认定工伤的充分条件。

29. 中小学校、教师是否承担学生在上学、放学路上受到侵害的责任？

若学校有过错，则需要承担责任；若老师有过错，鉴于是职务行为，则需要学校承担责任。

【核心提示】

学校、家庭保障未成年学生安全要无缝衔接。

【以案说法】

某县第二中学组织月考，要求学生提前一个半小时到校。学生陈某某6点10分左右行至学校路口附近时被车撞至路旁沟中，学校老师没有发现陈某某未到校考试。一个半小时后，路人发现陈某某后报警并拨打120求救。陈某某因没有得到及时救助，经医院抢救无效死亡。陈某某父母向法院提起诉讼。法院审理认为，某县第二中学的月考时间安排，违反初中学校作息时间规定，要求学生提前到校却未对学生进行相应的安全教育，未在可预见的范围内采取必要的安全措施，从而造成学生伤害事故发生，学校应当依法承担相应的责任。该校教师未能及时发现陈某某没有按时到校，致使陈某某在事故发生后一个半小时内未得到有效救治而死亡，学校在事故中存在过失，对学生的死亡结果承担相应赔偿责任合理。最后，该案经法院调解结案，该校依法赔偿陈某某父母10万元。

【相关法律法规】

《中华人民共和国义务教育法》第二十四条：学校应当建立、健全安全制度和应急机制，对学生进行安全教育，加强管理，及时消除隐患，预防发生事故。县级以上地方人民政府定期对学校校舍安全进行检查；对需要维修、改造的，及时予以维修、改造。学校不得聘用曾经因故意犯罪被依法剥夺政治权利或者其他不适合从事义务教育工作的人担任工作人员。

《中华人民共和国未成年人保护法》第七条：未成年人的父母或者其他监护人依法对未成年人承担监护职责。国家采取措施指导、支持、帮助和监督未成年人的父母或者其他监护人履行监护职责。

《中华人民共和国教育法》第三十三条：教师享有法律规定的权利，履行法律规定的义务，忠诚于人民的教育事业。

《中华人民共和国民法典》第一千二百条：限制民事行为能力人在学校或者其他教育机构学习、生活期间受到人身损害，学校或者其他教育机构未尽到教育、管理职责的，应当承担侵权责任。

【释法概述】

我国法律规定，学校应建立健全安全制度，并且学校与未成年学生的监护人应相互配合，合理安排未成年学生的学习时间和休息时间。学校临时改变作息安排时，应及时通知家长知悉，并做好相应的安排和保护，以防未成年学生在脱离监护人的监护范围时受到伤害。学校组织学生参加教育教学活动或者校外活动时，要对学生进行相应的安全教育，并在可预见的范围内采取必要的安全措施，否则，造成学生伤害事故的，学校应当依法承担相应的责任。作为未成年人的监护人，应当尽到监护职责，在监护未成年人过程中存在严重过失的，应当依法承担相应的责任。

30. 班主任如何对待学生家长打骂式家庭教育？

班主任应当及时制止家长行为并向公安机关报案。

【核心提示】

班主任应及时制止家庭教育中的违法行为，保护未成年人身心健康及合法权益。

【以案说法】

陈某系某小学学生，其父母因家庭矛盾离婚，陈某被法院判决由父亲抚养，之后其父再婚。父亲对陈某管理较为严厉，如陈某反抗就对其拳打脚踢。班主任李某得知此事后，多次和学校领导一同前往陈某家中，告诫其父亲家庭教育不得实施暴力。清明假期，陈某父亲因琐事再次对陈某实施家庭暴力，导致其内脏出血死亡。公安机关对陈某的父亲进行刑事拘留。此案经法院判决，陈某的父亲犯故意伤害致人死亡罪，被判处无期徒刑并剥夺政治权利终身。李某虽告诫陈某的父亲不得实施家庭暴力，但未采取及时有效的措施加以制止，没有及时报案，被学校给予记过处分。

【相关法律法规】

《中华人民共和国教师法》第八条：教师应当履行下列义务：（五）制止有害于学生的行为或者其他侵犯学生合法权益的行为，批评和抵制有害于学生健康成长的现象。

《中华人民共和国未成年人保护法》第十一条第一款：任何组织或者个人发现不利于未成年人身心健康或者侵犯未成年人合法权益的情形，都有权劝阻、制止或者向公安、民政、教育等有关部门提出检举、控告。

《中华人民共和国反家庭暴力法》第十二条：未成年人的监护人应当以文明的方式进行家庭教育，依法履行监护和教育职责，不得实施家庭暴力。

《中华人民共和国反家庭暴力法》第十四条：学校、幼儿园、医疗机构、居民委员会、村民委员会、社会工作服务机构、救助管理机构、福利机构及其工作人员在工作中发现无民事行为能力人、限制民事行为能力人遭受或者疑似遭受家庭暴力的，应当及时向公安机关报案。公安机关应当对报案人的信息予以保密。

【释法概述】

部分成年人一直有着“棍棒底下出孝子”“打是亲骂是爱”的错误教育理念，采用粗暴的手段教育孩子，或是把孩子当成自己的私有财产，动不动就拳打脚踢。“棍棒教育”虽然会让孩子对所犯错误印象深刻，同时也会使其在成长过程中产生阴影，不利于其人格健全养成、身心健康发展。教师在对学生的教育教学、日常管理中，通过接触每名学生了解他们的家庭，能感受到不同的家庭教育方式，当知晓未成年人受到来自家庭的侵害时，应当挺身而出，及时制止侵害行为，维护学生的合法权益；当发现无民事行为能力人、限制民事行为能力人遭受或者疑似遭受家庭暴力的，应当及时向公安机关报案，依法履行强制报告制度的义务。

31. 学校、教师应当承担学生上课期间违反规定在校外游荡时发生伤害的责任吗？

应当。

【核心提示】

学校、教师应当尽到教育、管理、保护职责。

【以案说法】

一天上课期间，某中学学生小乐从校内翻越围墙到河坝处，遇同校学生李某误入深水区，小乐下水将李某救起，自己却因体力不支导致溺水死亡。小乐的父母认为学校没有尽到管理职责，把学校告至法院。法院审理认为，小乐是某中学学生，事发时属于受学校教育和管理期间，教师发现小乐外出逃课时没有及时逐级上报，学校没有尽到监管职责，致使小乐脱离管理并造成死亡后果，故学校应承担管理不力的责任。某水务局对事发处有管理权，却没有设置明显的警示标志，更没有设置有效的安全防护措施，应当对小乐的死亡结果承担相应责任。受救者李某经小乐冒险救助而生还，李某的监护人作为受益人也应对小乐的死亡结果承担相应的补偿责任。法院一审判决，由该中学赔偿小乐父母45万余元（已扣除垫付的5万余元），水务局赔偿小乐父母18万余元，李某监护人赔偿小乐父母3.6万余元。

【相关法律法规】

《中华人民共和国教育法》第四十四条：受教育者应当履行下列义务：（一）遵守法律、法规；（二）遵守学生行为规范，尊敬师长，

养成良好的思想品德和行为习惯；（三）努力学习，完成规定的学习任务；（四）遵守所在学校或者其他教育机构的管理制度。

《中华人民共和国义务教育法》第二十四条：学校应当建立、健全安全制度和应急机制，对学生进行安全教育，加强管理，及时消除隐患，预防发生事故。县级以上地方人民政府定期对学校校舍安全进行检查；对需要维修、改造的，及时予以维修、改造。学校不得聘用曾经因故意犯罪被依法剥夺政治权利或者其他不适合从事义务教育工作的人担任工作人员。

《中华人民共和国未成年人保护法》第三十五条第一款：学校、幼儿园应当建立安全管理制度，对未成年人进行安全教育，完善安保设施、配备安保人员，保障未成年人在校、在园期间的人身和财产安全。学校、幼儿园不得在危及未成年人人身安全、身心健康的校舍和其他设施、场所中进行教育教学活动。

《中华人民共和国民法典》第一百八十三条：因保护他人民事权益使自己受到损害的，由侵权人承担民事责任，受益人可以给予适当补偿。没有侵权人、侵权人逃逸或者无力承担民事责任，受害人请求补偿的，受益人应当给予适当补偿。

【释法概述】

学校应当建立安全管理制度，对未成年人进行在校安全教育，保障未成年人在校安全。对未成年学生擅自离校等与学生人身安全直接相关的信息，学校应当及时发现或者知晓，积极采取措施，尽早寻回擅自离校学生，同时，及时告知未成年学生的监护人。未成年学生因脱离监护人的保护而发生伤害的，学校应当依法承担相应的责任。若学校教师没有注意到并阻止学生离校，视为没有尽到教育管理责任，要对学生在校外发生的人身损害结果承担责任。在没有侵权人的情况下，受益人即被救助者应当给予适当补偿。

32. 作为校车随车人员的教师对学生乘坐校车期间发生的安全事故需承担责任吗?

教师若无故意或重大过失无需承担责任，应当由学校承担侵权责任。

【核心提示】

教师随校车接送学生是其工作的一部分，应当履行保护未成年学生免受伤害的责任。

【以案说法】

事例一：某幼儿园幼儿朱某的父母缴纳费用，由校车接送朱某上下学。一天朱某放学乘坐校车回家。在距离朱某下车站点仍有一个十字路口的时候，校车司机胡某看到朱某的姐姐（八岁），便询问朱某是否要下车与姐姐一起回家，待朱某同意后，胡某便停车让朱某下车。朱某与其姐姐经过这个没有红绿灯的十字路口时，未在意车辆状况便过马路。此时，罗某正常驾驶车辆至该路口，当发现朱某及其姐姐时，刹车不及，将两人撞飞。经公安机关调查得知，案发时应当随车的教师李某因私事并未跟车，也未安排其他教师代替自己跟车送学生回家。法院判决，该幼儿园在安全管理方面存在漏洞，应赔偿朱某80万元。当地教育主管部门认定李某作为教师并未履行应尽的义务，对李某作出撤销其教师资格的决定，涉事幼儿园因在安全管理方面存在较大不足，故责令该园加强安全教育。

事例二：刘某系某幼儿园教师，一天放学时随车送学生回家。在校车行驶途中，刘某与司机郑某发生口角，在车辆尚未停稳时上前击打郑某，导致郑某慌乱中猛打方向盘致使校车翻入路边的水沟。路人协助将校车内的学生救出来并及时送往医院，结果造成三名学生重伤、四名学生轻伤。事后，警方以涉嫌刑事犯罪批准逮捕了刘某。某法院审理此案，认为刘某作为校车随车教师，应当履行保障学生安全的义务，但刘某因个人恩怨置学生安危于不顾，犯以危险方法危害公共安全罪，被判决有期徒刑十四年，并处罚金30万元。

【相关法律法规】

《中华人民共和国民法典》第一千一百九十一条：用人单位的工作人员因执行工作任务造成他人损害的，由用人单位承担侵权责任。用人单位承担侵权责任后，可以向有故意或者重大过失的工作人员追偿。劳务派遣期间，被派遣的工作人员因执行工作任务造成他人损害的，由接受劳务派遣的用工单位承担侵权责任；劳务派遣单位有过错的，承担相应的责任。

《中华人民共和国民法典》第一千二百零一条：无民事行为能力人或者限制民事行为能力人在幼儿园、学校或者其他教育机构学习、生活期间，受到幼儿园、学校或者其他教育机构以外的第三人人身损害的，由第三人承担侵权责任；幼儿园、学校或者其他教育机构未尽到管理职责的，承担相应的补充责任。幼儿园、学校或者其他教育机构承担补充责任后，可以向第三人追偿。

《中华人民共和国未成年人保护法》第三十六条：使用校车的学校、幼儿园应当建立健全校车安全管理制度，配备安全管理人员，定期对校车进行安全检查，对校车驾驶人进行安全教育，并向未成年人讲解校车安全乘坐知识，培养未成年人校车安全事故应急处理技能。

《校车安全管理条例》第三十八条：配备校车的学校、校车服务提供者应当指派照管人员随校车全程照管乘车学生。校车服务提供者为学校提供校车服务的，双方可以约定由学校指派随车照管人员。学校和校车服务提供者应当定期对随车照管人员进行安全教育，组织随车照管人员学习道路交通安全法律法规、应急处置和应急救援知识。

【释法概述】

校车服务极大地便利了未成年学生及幼儿上学和返家这一交通问题，但同时，校车特别是幼儿园校车问题频发，比如将幼儿遗忘在车内时间过长导致其死亡，司机开车违反交通规则造成车内儿童伤亡等，可见配备校车随车照管人员的必要性。幼儿园为校车配备照管人员是幼儿园的法律义务，最合适的照管人员为园内的教师或保育人员，他们应该能够严格执行校车安全管理制度与校车跟车制度，保障幼儿安全；能够及时处置突发事件，给乘车幼儿最好的保护。如果不配备照管人员或者照管人员未能尽到看管、保护幼儿的责任，幼儿园应当承担相应的法律责任。

33. 高校教师如何预防学术不端行为的发生？

一是时刻警醒自己，遵循实事求是的科学精神和严谨认真的治学态度，恪守学术诚信，遵循学术准则，尊重和保护他人知识产权等合法权益。二是对学生进行学术规范、学术诚信教育和指导，对学生公开发表论文、研究和撰写学位论文是否符合学术规范、学术诚信要求，进行必要的检查与审核。

【核心提示】

预防学术不端行为的发生。

【以案说法】

徐某是毕业多年的博士研究生，在高校任职，后来被网络媒体报道其博士学位论文涉嫌学术不端行为。其母校启动了对徐某博士学位论文涉嫌学术不端行为的调查，在核实有关事实、理由和证据，逐条对比涉嫌抄袭内容的基础上，发现徐某博士学位论文涉嫌抄袭他人硕士学位论文，与他人已获得学位的学位论文或已发表的学术论文在内容上存在大量重复现象，且重复内容大部分未标注引用，据此认为该博士学位论文存在严重抄袭现象，决定撤销徐某博士学位并注销其学位证书。徐某向法院提起对学校的行政诉讼。法院审理认为，依据著作权法相关规定及公众对“抄袭”的普遍认知，对于先公开发表的文字作品中的文字，若未标注引用而直接使用的应属抄袭。法院认定徐某博士学位论文存在严重抄袭的事实清楚，证据充分。鉴于学校在调查过程中履行了告知，听取陈述、申辩及告知原告申请回避权等相关程序，程序合法，判决徐某败诉。

【相关法律法规】

《中华人民共和国著作权法》第十二条：在作品上署名的自然人、法人或者非法人组织为作者，且该作品上存在相应权利，但有相反证明的除外。

《中华人民共和国科学技术进步法》第五十五条：科学技术人员应当弘扬科学精神，遵守学术规范，恪守职业道德，诚实守信；不得在科学技术活动中弄虚作假，不得参加、支持迷信活动。

《中华人民共和国科学技术进步法》第七十条：违反本法规定，抄袭、剽窃他人科学技术成果，或者在科学技术活动中弄虚作假的，由科学技术人员所在单位或者单位主管机关责令改正，对直接负责的主管人员和其他直接责任人员依法给予处分。

《中华人民共和国学位条例》第十七条：学位授予单位对于已经授予的学位，如发现有舞弊作伪等严重违反本条例规定的情况，经学位评定委员会复议，可以撤销。

【释法概述】

近年来，国内多所高校教师卷入学术不端事件，学术腐败、项目造假、论文抄袭等举报、暴露事件给高校正常的教学、科研秩序及声誉带来严重影响，也给当事人职业生涯带来不可逆转的改变。高等学校应当完善学术治理体系，建立科学公正的学术评价和学术发展制度，营造鼓励创新、宽容失败、不骄不躁、风清气正的学术环境。高校教师在教学、科研活动中要常思常想，自觉、自省、自律，严守职业道德和学术操守，防止本人学术不端行为的发生，对

一旦发生的不端行为要即知即改，不存丝毫侥幸，严禁触犯国家有关法律规定，防止发生教育部令第40号《高等学校预防与处理学术不端行为办法》第二十七条规定的七种学术不端行为：一是剽窃、抄袭、侵占他人学术成果；二是篡改他人研究成果；三是伪造科研数据、资料、文献、注释，或者捏造事实、编造虚假研究成果；四是未参加研究或创作而在研究成果、学术论文上署名，未经他人许可而不当使用他人署名，虚构合作者共同署名，或者多人共同完成研究而在成果中未注明他人工作、贡献；五是在申报课题、成果、奖励和职务评审评定、申请学位等过程中提供虚假学术信息；六是买卖论文、由他人代写或者为他人代写论文；七是其他根据高等学校或者有关学术组织、相关科研管理机构制定的规则，属于学术不端的行为。

34. 高校教师指导学生撰写学位论文时需要注意什么？

指导学生撰写学位论文，是高校教师的一项基本工作职责。指导教师应当对学位申请人员进行学术道德、学术规范教育，对其学位论文研究和撰写过程予以指导，对学位论文是否由其独立完成进行审查。作为研究生培养第一责任人的导师在严格把关学位论文研究工作、学术水平和学术规范性的同时，要加强对学生的学术诚信教育，综合开题、中期等关键节点的考核情况提出分流退出建议。

【核心提示】

学位论文的指导和审查。

【以案说法】

戴某是某大学的硕士生导师，其指导的硕士研究生陆某的工程硕士学位论文被该校学术规范委员会认定为抄袭。该校研究生院认为，戴某作为研究生导师负有失察之责，决定取消其工程硕士指导教师任职资格，暂停其在其他专业领域硕士生招生资格三年，在此期间不得再申请博士生导师资格。戴某对此不服，在向教育行政部门及政府提出申诉和复议均未得到支持后，向法院提起行政诉讼。法院审理认为，该校学术规范委员会对陆某工程硕士学位论文涉嫌学术违规行为的审查认定，属于高等学校教育自主权范畴，不属于

可诉行政行为。该校研究生院向戴某所属学院作出的暂停其招生、取消其导师资格的决定以及由此产生的对申请博导资格的影响，亦属于高等学校的内部管理行为，非可诉行政行为。因此，教育行政部门对戴某提出的申诉事项所作的决定，政府对该决定所作的复议决定，均不属于行政诉讼受案范围，法院最终裁定驳回戴某的起诉。

【相关法律法规】

《中华人民共和国教育法》第八十二条第三款：以作弊、剽窃、抄袭等欺诈行为或者其他不正当手段获得学位证书、学历证书或者其他学业证书的，由颁发机构撤销相关证书。购买、使用假冒学位证书、学历证书或者其他学业证书，构成违反治安管理行为的，由公安机关依法给予治安管理处罚。

《中华人民共和国学位条例》第十七条：学位授予单位对于已经授予的学位，如发现有舞弊作伪等严重违反本条例规定的情况，经学位评定委员会复议，可以撤销。

【释法概述】

学位论文是反映高等教育人才培养水平的重要标志。高校教师应当以高度的责任感指导学生撰写学位论文，增强学生的学术意识，要求其恪守学术道德和学术规范，自觉遵守学位论文撰写的各项规定，提升学生科学研究水平。严格审查带有多名研究生，校外兼职导师，担任校、院（系）领导职务，教学科研与社会兼职任务比较繁重的导师所指导的学生的学位论文。高校教师应当熟知学位论文作假行为的各种情形和处理办法，在学位论文的指导过程中遏制作假行为，履行研究生培养第一责任人职责，维护我国学位制度的严肃性和公平性，保证研究生培养质量。

35. 高校教师在考试工作中需要注意什么？

> 应当认真履行工作职责，严格遵守国家法律规定和考试制度要求，维护教育考试的公平、公正，防止出现违规违纪，甚至作弊或帮助作弊的行为，保障参加教育考试人员的合法权益。

【核心提示】

维护教育考试公平、公正。

【以案说法】

某大学教师孔某，利用监考全国大学英语四级考试的时机，组织盗卖试题答案。孔某在考试前私下将同场监考人员汤某替换掉，由胡某冒充监考老师与孔某同场监考。孔某领取试卷后到厕所拆封，打电话将作文题目和要求告诉在孔某家等候的同伙，并将一份试卷交由在此等候的陈某和李某带回孔某家中，由肖某复印后分发给杜某、徐某等人做答案，再通过聊天软件将答案发送给买家。经查，该团伙在前一年的两次全国大学英语四、六级考试中均以同样方式作案。三次作案中，全国共有数百名学生在开考前或考试中获得了试题答案，该团伙共获利十余万元。法院审理后作出判决，孔某被判处有期徒刑四年，同案其他被告分别被判处不等的有期徒刑，电脑、手机等作案工具被没收，非法所得予以追缴。有关责任单位受到了通报批评，有关责任人受到了追究处理，有关高校对涉案的教职工和在校学生给予了严肃处理。

【相关法律法规】

《中华人民共和国教育法》第八十条：任何组织或者个人在国家教育考试中有下列行为之一，有违法所得的，由公安机关没收违法所得，并处违法所得一倍以上五倍以下罚款；情节严重的，处五日以上十五日以下拘留；构成犯罪的，依法追究刑事责任；属于国家机关工作人员的，还应当依法给予处分：（一）组织作弊的；（二）通过提供考试作弊器材等方式为作弊提供帮助或者便利的；（三）代替他人参加考试的；（四）在考试结束前泄露、传播考试试题或者答案的；（五）其他扰乱考试秩序的行为。

《中华人民共和国刑法》第二百八十四条之一：在法律规定的国家考试中，组织作弊的，处三年以下有期徒刑或者拘役，并处或者单处罚金；情节严重的，处三年以上七年以下有期徒刑，并处罚金。为他人实施前款犯罪提供作弊器材或者其他帮助的，依照前款的规定处罚。为实施考试作弊行为，向他人非法出售或者提供第一款规定的考试的试题、答案的，依照第一款的规定处罚。代替他人或者让他人代替自己参加第一款规定的考试的，处拘役或者管制，并处或者单处罚金。

【释法概述】

考试作弊现象不时发生，有些作弊呈现出高度组织化的特点，参与人数多、涉及面广，依托互联网和无线通信等技术实施的各类涉考违法犯罪活动猖獗。2015年，教育法和刑法修正案（九）分别增加了对考试作弊的惩处规定，特别是将组织考试作弊等违反考试诚信、破坏考试秩序的行为纳入刑事打击的范围，为各级司法机关侦查打击涉考违法犯罪活动提供可靠的法律依据。高校教师参与的考试工作一般分为校内考试和社会考试，前者是围绕专业教学在校内展开的，后者是普通和成人高等学校招生考试、全国硕士研究生招生考试、高等教育自学考试、法律职业资格考试、执业医师资格考试等国家教育考试。

高校教师在考试管理、组织及评卷等工作中应当认真履行工作职责，按照教育部令第33号《国家教育考试违规处理办法》要求，一是防止出现应回避考试工作却隐瞒不报的；擅自变更考试时间、地点或者考试安排的；提示或暗示考生答题的；擅自将试题、答卷或者有关内容带出考场或者传递给他人的；未认真履行职责，造成所负责考场出现秩序混乱、作弊严重或者视频录像资料损毁、视频系统不能正常工作的；在评卷、统分中严重失职，造成明显的错评、漏评或者计分差错的；在评卷中擅自更改评分细则或者不按评分细则进行评卷的；因未认真履行职责，造成所负责考场出现雷同卷的；擅自泄露评卷、统分等应予保密的情况的；其他违反监考、评卷等管理规定的九种行为。二是杜绝为不具备参加国家教育考试条件的人员提供假证明、证件、档案，使其取得考试资格或者考试工作人员资格的；因玩忽职守，致使考生未能如期参加考试的或者使考试工作遭受重大损失的；利用监考或者从事考试工作之便，为考生作弊提供条件的；伪造、编造考生档案（含电子档案）的；在场外组织答卷、为考生提供答案的；指使、纵容或者伙同他人作弊的；偷换、涂改考生答卷、考试成绩或者考场原始记录材料的；擅自更改或者编造、虚报考试数据、信息的；利用考试工作便利，索贿、受贿、以权徇私的；诬陷、打击报复考生的十种行为。

36. 高校教师参与招生工作需要注意什么?

> 应当认真履行工作职责，严格遵守国家法律规定和招生制度要求，维护招生的公平、公正，防止出现违规违纪的行为，保障参加高考、研究生考试考生的合法权益。

【核心提示】

维护招生的公平、公正。

【以案说法】

倪某是某大学二级学院院长、科研带头人，在研究生招生工作中担任该校艺术学院自命题评卷工作领导小组成员、设计基础理论评卷组组长。2016年，倪某接受请托让考生杨某、孙某、尚某在试卷上作标记，在评卷时为该三名考生违规提高分数，并收取杨某及其家人贿赂3万元。后来，倪某还找到评卷教师李某、徐某、刘某、魏某、洪某要求为杨某、孙某、尚某违规提高分数。后案发。法院审理认为，倪某在作为全国硕士研究生考试评卷教师履行职责的时候，属于在受国家机关委托代表国家机关行使职权的组织中从事公务的人员，其在全国硕士研究生招生工作中伙同他人徇私舞弊，利用职务便利帮助考生作弊，情节严重，并收受部分考生贿赂，其行为已构成招收学生徇私舞弊罪、受贿罪，且在招收学生徇私舞弊犯罪中属共同犯罪。法院判决，倪某犯招收学生徇私舞弊罪，判处拘役六个月，缓刑一年；犯受贿罪，免予刑事处罚。决定执行拘役六个月，缓刑一年。

【相关法律法规】

《中华人民共和国教育法》第七十七条第一款：在招收学生工作中滥用职权、玩忽职守、徇私舞弊的，由教育行政部门或者其他有关行政部门责令退回招收的不符合入学条件的人员；对直接负责的主管人员和其他直接责任人员，依法给予处分；构成犯罪的，依法追究刑事责任。

《中华人民共和国刑法》第四百一十八条：国家机关工作人员在招收公务员、学生工作中徇私舞弊，情节严重的，处三年以下有期徒刑或者拘役。

《事业单位人事管理条例》第二十八条：事业单位工作人员有下列行为之一的，给予处分：（一）损害国家声誉和利益的；（二）失职渎职的；（三）利用工作之便谋取不正当利益的；（四）挥霍、浪费国家资财的；（五）严重违反职业道德、社会公德的；（六）其他严重违反纪律的。

【释法概述】

最高人民法院、最高人民检察院在《关于办理渎职刑事案件适用法律若干问题的解释》中明确，依法或者受委托行使国家行政管理职权的公司、企业、事业单位的工作人员，在行使行政管理职权时滥用职权或者玩忽职守，构成犯罪的，应当依照《全国人民代表大会常务委员会关于〈中华人民共和国刑法〉第九章渎职罪主体适用问题的解释》的规定，追究刑事责任。教育部在《普通高等学校招生违规行为处理暂行办法》中规定了高校教师在参与招生工作时应当禁止以下九种行为：一是违规更改考生报名、志愿、资格、分

数、录取等信息的；二是对已录取考生违规变更录取学校或者专业的；三是在特殊类型招生中泄露面试考核考官名单或者利用职务便利请托考核评价的教师，照顾特定考生的；四是泄露尚未公布的考生成绩、考生志愿、录取分数线等可能影响录取公正信息的，或者对外泄露、倒卖考生个人信息的；五是为考生获得相关招生资格弄虚作假、徇私舞弊的；六是违反回避制度，应当回避而没有回避的；七是索取或收受考生及家长财物，接受宴请等可能影响公正履职活动安排的；八是参与社会中介机构或者个人非法招生活动的；九是其他影响高校招生公平、公正的行为。存在上述情形的，教师所在单位应当立即责令暂停其负责的招生工作，由有关部门视情节轻重依法给予相应处分或者其他处理；涉嫌犯罪的，还应依法移送司法机关处理。

37. 高校教师在教育教学和实践活动中怎样履行好学生安全保障义务?

高校在教育教学和实践活动中是承担学生安全保障义务的主体。高校教师作为高校工作人员，代表学校具体从事教育教学和实践活动，其行为属于职务行为，有责任代表学校落实好对学生的安全保障义务，不得体罚或变相体罚学生，对有一定危险性的活动要进行风险评估并制定预案，对学生的危险行为要及时发现并予以制止，掌握必要的学生身体素质和健康状况，发生伤害事故要及时采取相应措施避免损失扩大。因教师原因导致对学生的侵权，责任由所在高校承担，高校可追究教师的内部管理责任。

【核心提示】

高校教师负有对学生的安全保障义务。

【以案说法】

邵某系某理工学院学生，由学院安排至某公司实习，带队教师为易某与黄某。实习期内邵某操作铣床时因所戴棉手套被卷入机床而导致左手被绞伤，医疗终结后经某鉴定机构鉴定为十级伤残。因为赔偿事宜协商未果，邵某将该理工学院和该公司诉至法院。法院审理认为，根据该理工学院和该公司的《共建教学实习基地协议书》《生产实习服务合同》，学生实习由学校和实习单位共同组织和管理，

学校和实习单位均应确保学生在实习期间的人身安全和身心健康。实习单位应当对实习人员进行安全教育和管理，并安排业务水平高、责任心强的技术人员负责培训带教工作以保障其工作安全。邵某在实习期间均戴棉手套操作铣床而未被阻止，最终导致损害后果发生。该公司未尽充分的安全保障义务导致学生受伤，应承担赔偿责任。该理工学院应就学生在实习期内的安全防范和权益问题依法提供必要的保障，应当清楚学生参与实习工作的危险性，通过对学生的安全教育以及与企业的沟通协商共同控制和防范风险。带队教师虽然对学生进行了实习动员，但并未尽充分的教育与管理义务，故该理工学院也应承担一定的赔偿责任。邵某作为具有完全民事行为能力的成年人，又经过相关专业知识的学习及实习培训，对操作设备的危险性应具有一定的认知，其作为实习生从事劳动时亦应保持必要的谨慎，而戴棉手套操作铣床系严重违规操作，故邵某自己也应承担一定责任。综上，法院酌情认定该公司承担45%的责任，该理工学院承担35%的责任，邵某自行承担20%的责任。

【相关法律法规】

《中华人民共和国教育法》第四十三条：受教育者享有下列权利：（四）对学校给予的处分不服向有关部门提出申诉，对学校、教师侵犯其人身权、财产权等合法权益，提出申诉或者依法提起诉讼。

《中华人民共和国民法典》第一千一百六十五条：行为人因过错侵害他人民事权益造成损害的，应当承担侵权责任。依照法律规定推定行为人有过错，其不能证明自己没有过错的，应当承担侵权责任。

《中华人民共和国民法典》第一千一百七十二条：二人以上分别实施侵权行为造成同一损害，能够确定责任大小的，各自承担相应的责任；难以确定责任大小的，平均承担责任。

《中华人民共和国民法典》第一千一百九十一条：用人单位的工作人员因执行工作任务造成他人损害的，由用人单位承担侵权责任。用人单位承担侵权责任后，可以向有故意或者重大过失的工作人员追偿。

《中华人民共和国民法典》第一千一百七十五条：损害是因第三人造成的，第三人应当承担侵权责任。

【释法概述】

高校有责任做好学生的安全保障工作，维护学生的人身和财产权益。当学生参加教育教学和实践活动时，高校和实习单位首先要提高安全防范意识，制定严格、规范的安全保障制度，认真执行安全保障制度规定，将要求落到实处。高校和实习单位由于过错行为给学生的生命安全和财产造成损失的，根据我国法律规定，要依据过错责任原则分别承担赔偿责任；对于在事故中有故意或重大过失的工作人员，高校和实习单位可以在承担赔偿责任后进行追偿。

38. 高校教师在学生伤害事故处置过程中如何保障受害方合法权益?

> 发生学生伤害事故，教师、高校应当及时救助受伤害学生，并及时告知学生的父母或者其他家人，有条件的应当采取紧急救援等方式救助，情形严重的应当及时向主管教育行政部门及有关部门报告。事后，学校与受伤害学生或者学生家长可以通过协商方式解决赔偿问题；双方自愿，可以书面请求主管教育行政部门进行调解。对经调解达成的协议，一方当事人不履行或者反悔的，双方可以依法提起诉讼。成年学生或者未成年学生的监护人也可以不经调解直接依法提起诉讼。

【核心提示】

及时救助、尽快通知、迅速报告，充分保障受害方的知情权；采取协商、调解、诉讼等方式合情、合理、合法地保障受害方的权益。

【以案说法】

李某是某大学的学生，住该校某学生公寓504寝室。公寓竣工验收后投入使用，由该校后勤集团公寓管理中心统一管理，宿舍楼设有值班门岗，每天6时开门、23时关门。某日13时左右，李某离开廖某所在的428寝室，将笔记本电脑、手机放回自己居住的504寝室

后，直到23时未回。老师和同学进行寻找未果。次日8时许，李某被发现在该公寓坠楼，经诊断伤势较重，后被法院宣告为无民事行为能力人。在此期间，该大学以困难补助、补贴、药费、医疗费、护理费等名义向李某支付了4万余元。李某家人以该大学未尽到安全管理的责任和义务为由提起诉讼。法院审理认为，李某受伤的原因不明，被推定为从没有栏杆或是防盗网的公寓楼道的窗台坠落受伤。该公寓楼在建筑施工方面通过竣工验收符合相关标准，学校对公寓的管理也有严格的规章制度，学校、教师发现李某受伤后积极采取救助措施。法院认为，事发前李某系就读该校三年有余的成年人，具有完全民事行为能力，对自己的行为有相应的认知能力和自我管理能力，学校无权限制李某的个人行为。在同学向老师反映其未回寝室的情况下，老师和同学一起进行了寻找，虽然未能找到，但该行为印证了学校在管理方面的积极作为，故该校已尽到安全管理的责任和义务。最终，法院认为该校不应承担民事赔偿责任，驳回了李某家人的诉讼请求。

【相关法律法规】

《中华人民共和国教育法》第三十条：学校及其他教育机构应当履行下列义务：（一）遵守法律、法规；（二）贯彻国家的教育方针，执行国家教育教学标准，保证教育教学质量；（三）维护受教育者、教师及其他职工的合法权益；（四）以适当方式为受教育者及其监护人了解受教育者的学业成绩及其他有关情况提供便利；（五）遵照国家有关规定收取费用并公开收费项目；（六）依法接受监督。

《中华人民共和国民法典》第一千一百六十五条：行为人因过错侵害他人民事权益造成损害的，应当承担侵权责任。依照法律规定推定行为人有过错，其不能证明自己没有过错的，应当承担侵权责任。

《中华人民共和国民法典》第一千一百七十四条：损害是因受害人故意造成的，行为人不承担责任。

《中华人民共和国民法典》第一千一百七十五条：损害是因第三人造成的，第三人应当承担侵权责任。

【释法概述】

大学生是承载着家庭、社会高期望值的特殊群体，其伤害事故的处置牵动着社会的神经，各方的争议焦点介于法律、政策、道德以及情理之间。对学生伤害事故责任的划分、赔偿数额的确定等需要依法进行明确，我国侵权责任的确定主要有过错责任原则（含过错推定）和无过错责任原则。在高校里，学生的伤害事故通常实行过错责任原则，即根据过错行为与损害后果间的因果关系来确定侵权责任。在道德与情理层面，高校应当主动帮助学生及其家属做好报案、救护、救助、赔偿等工作；在政策执行方面，学校应当加强安全保障工作，制定并执行完善的规章制度，切实维护学生的合法权益。

39. 高校教师如何面对“校闹”行为？

学生及其家属、其他校外人员实施的围堵学校、在校园内非法聚集、聚众闹事等扰乱学校教育教学和管理秩序，侵犯学校和师生合法权益的行为，被称为“校闹”。发生“校闹”事件，教师应当立即向公安机关报案，采取合法手段阻止“校闹”行为升级；同时固定好现场证据，为后续司法机关介入提供依据。

【核心提示】

认定“校闹”行为，依法及时处理。

【以案说法】

某日凌晨1时左右，某高校大四毕业生林某从宿舍房间外阳台坠楼。同舍人员发现后及时给辅导员打电话，并拨打了110和120。辅导员及时上报院党委、系领导、校保卫处及学生处，并与林某家长取得联系。学校相关人员第一时间赶赴现场，启动应急预案，将该生送至最近的医院进行抢救，后抢救无效确认死亡。经公安机关现场勘查和调查取证，通过对当晚公寓监控录像、现场情况、笔记本电脑和手机等证据的核实，排除了他杀的可能性，确定林某属饮酒过量从高空坠落意外死亡。学校事故处置小组与林某的家属进行多次协商，家属要求学校扩大调查范围。事故发生的第二天，林某家属就在网络上散布所谓的“事实真相”，事故处置小组紧急约见林某

家属并将调查结果进行了通报，要求其立即停止散播类似谣言。其间，林某家属30多人陆续赶到学校，要求学校尽快给家属一个交代并赔偿。公安机关在学校及家属双方参与下，公布了事件调查结果以及林某的尸检报告，认定林某属坠落身亡，排除他杀，也对家属提出的质疑作出了具体解释。之后，学校领导和家属代表开始协商赔偿处理事宜，双方意见悬殊。家属方情绪激动，协商失败，采取了端遗像、设灵堂、强占办公楼，进而发展到在校门口摆花圈、拉横幅、静坐示威等极端行为。学校不得不拨打110请民警到校维持秩序，加强相关场所监控，落实值班巡逻制度，防止家属再次实施过激行为。后来，基于合法、合理、合情的原则，双方就补偿事宜达成一致意见并签署了事故处理协议书。

【相关法律法规】

《中华人民共和国教育法》第七十二条：结伙斗殴、寻衅滋事，扰乱学校及其他教育机构教育教学秩序或者破坏校舍、场地及其他财产的，由公安机关给予治安管理处罚；构成犯罪的，依法追究刑事责任。

《中华人民共和国刑法》第二百九十条：聚众扰乱社会秩序，情节严重，致使工作、生产、营业和教学、科研、医疗无法进行，造成严重损失的，对首要分子，处三年以上七年以下有期徒刑；对其他积极参加的，处三年以下有期徒刑、拘役、管制或者剥夺政治权利。

《中华人民共和国治安管理处罚法》第二十三条：有下列行为之一的，处警告或者二百元以下罚款；情节较重的，处五日以上十日以下拘留，可以并处五百元以下罚款：（一）扰乱机关、团体、企业、事业单位秩序，致使工作、生产、营业、医疗、教学、科研不能正常进行，尚未造成严重损失的。

【释法概述】

“校闹”行为严重影响学校正常的教学、科研秩序，严重侵犯师生的合法权益，必须及时制止。学校在安全事故处置过程中，如发生家属及其他校外人员实施围堵学校、在校园内非法聚集、聚众闹事等扰乱学校教育教学和管理秩序，侵犯学校和师生合法权益等“校闹”行为的，应当立即向所在地公安机关报案，提供当事方人数、具体行为、有无人员受伤等现场情况并保护好现场，配合公安机关做好调查取证等工作。公安机关到达前，学校保卫部门可依法采取必要的措施，阻止相关人员进入教育教学区域，防止其干扰教育教学活动。公安机关接到报案后应当立即组织警力赶赴现场，维持现场秩序，控制事态，协助有关部门进行疏导劝阻，防止事态扩大。对现场发生的违法犯罪行为，要坚决果断制止，对涉嫌违法犯罪人员依法查处。公安机关的介入对事故性质的界定更具权威性，能维持家校谈判的有序性，防止家属冲击学校、攻击学校事故处置人员及在校师生，维护校园的稳定安全。

40. 高校教师在学术委员会中怎样行使好权利并发挥积极作用?

学术委员会是高校最高学术机构，作为学术委员会委员的高校教师，享有以下五种权利：知悉与学术事务相关的学校各项管理制度、信息等，就学术事务向学校相关职能部门提出咨询或质询，在学术委员会会议中自由、独立地发表意见并讨论、审议和表决各项决议，对学校学术事务及学术委员会工作提出建议、实施监督，学校章程或者学术委员会章程规定的其他权利等。

【核心提示】

高校学术委员会成员的权利和义务。

【以案说法】

栗某是某大学硕士研究生，2015年取得经济学硕士学位证书。2017年，该校学位评定委员会以栗某在申请学位过程中提供了虚假学术信息为由，根据《高等学校预防与处理学术不端行为办法》和该校研究生学术不端行为处理办法的有关规定，对其作出撤销学位决定并注销其硕士学位证书。栗某不服，向法院提起诉讼。法院审理认为，根据《中华人民共和国高等教育法》、《高等学校学术委员会规程》以及《高等学校预防与处理学术不端行为办法》等规定，学术不端行为的调查主体，应为高等学校的学术委员会。本案中该校由学位评定委员会成立调查组，由栗某所在的经济学院调查小组开展调查并由经济学院学位分委员会作出调查报告。本案中该校的调查主体不合法，也就导致了上述主体所形成的证据不具有合法性。法院认为该校作出的撤销学位决定主要证据不足、违反法定程序，判决该校作出的“关于撤销栗某经济学硕士学位的决定”违法。

【相关法律法规】

《中华人民共和国高等教育法》第四十二条：高等学校设立学术委员会，履行下列职责：（一）审议学科建设、专业设置，教学、科学研究计划方案；（二）评定教学、科学研究成果；（三）调查、处理学术纠纷；（四）调查、认定学术不端行为；（五）按照章程审议、决定有关学术发展、学术评价、学术规范的其他事项。

【释法概述】

高等学校学术委员会有审议（决策）权、评定权、咨询权和学术纠纷裁定（处理）权等四类职权。审议（决策）权是对高校学术规划的制定、学科专业的设置、学术机构的设立等学术性事务进行审议并直接作出决定。评定权是对学术水平作出评价，如对科研成果评奖、教师职务聘任等事项进行评定。咨询权是学校在制定有关教学、科研经费的预算时，以及作出相关重大决策前听取其咨询意见，以扩大决策民主，促进信息公开，推进民主监督。学术纠纷裁定（处理）权是按照有关规定及学校委托，受理有关学术不端行为的举报并进行调查，裁决学术纠纷；对违反学术道德的行为，可以依职权直接撤销或者建议相关部门撤销当事人相应的学术称号、学术待遇，并可以向学校、相关部门提出处理建议。

41. 高校教师可以在校内进行宗教活动吗?

不可以。

【核心提示】

我国实行教育与宗教相分离。任何组织和个人不得利用宗教进行妨碍国家教育制度的活动。

【以案说法】

阚某(美国籍)与某医科大学签订《引进人才协议书》,该校聘请阚某为基础医学院教授,聘期五年。2018年9月,该医科大学以阚某未完成工作任务,在校内进行宗教活动存在违法行为为由,解除与阚某之间的劳动关系。阚某不服,遂申请劳动争议仲裁并提起诉讼。法院审理认为,该医科大学提交的《关于阚某在校内开展宗教活动的情况汇报》及《接处警情况登记表》证明了阚某在其住处至少开展三次宗教活动,且阚某未予否认,应当视为对该事实的承认。《引进人才协议书》中约定,"如因乙方违反了甲方的规章制度或国家的法律法规,或因过失给甲方教学和科研造成重大损失的,甲方有权终止协议,并可视情况轻重及损失情况追究乙方的赔偿责任。同时还可按本协议第9条追究乙方的违约责任"。阚某在非宗教场所开展宗教活动和举行宗教集会违反了《宗教事务条例》和《中华人民共和国境内外国人宗教活动管理规定实施细则》的规定,给该校的教学造成不良影响;该医科大学依据协议书的约定解除阚某的聘用关系,符合双方约定,无须支付经济赔偿金。

【相关法律法规】

《中华人民共和国宪法》第三十六条：中华人民共和国公民有宗教信仰自由。任何国家机关、社会团体和个人不得强制公民信仰宗教或者不信仰宗教，不得歧视信仰宗教的公民和不信仰宗教的公民。国家保护正常的宗教活动。任何人不得利用宗教进行破坏社会秩序、损害公民身体健康、妨碍国家教育制度的活动。宗教团体和宗教事务不受外国势力的支配。

《中华人民共和国教育法》第八条：教育活动必须符合国家和社会公共利益。国家实行教育与宗教相分离。任何组织和个人不得利用宗教进行妨碍国家教育制度的活动。

《宗教事务条例》第四十四条：禁止在宗教院校以外的学校及其他教育机构传教、举行宗教活动、成立宗教组织、设立宗教活动场所。

【释法概述】

宪法规定了公民有宗教信仰自由，同时教育法中规定了教育与宗教相分离。任何组织和个人不得利用宗教进行妨碍国家教育制度的活动。我国禁止在宗教院校以外的学校及其他教育机构传教、举行宗教活动、成立宗教组织、设立宗教活动场所。教师在公共教育的校园内不得宣扬宗教教义，不得强迫或鼓励学生信仰宗教。

42. 高校教师在指导学生团体开展活动时需要注意什么?

高校教师在指导学生团体开展活动时应当注意：一是应当保障学生团体的各项权利，提倡并支持学生团体开展有益于身心健康、成长成才的学术、科技、艺术、文娱、体育等活动。二是应当对学生团体进行必要的指导和管理，学生团体需经学校批准成立并施行登记和年检制度管理，要在宪法、法律、法规和学校管理制度范围内活动。

【核心提示】

高校对学生团体负有领导和管理的责任。

【以案说法】

某学院学生组织成立四方棍道协会，学校为四方棍道协会配备的指导老师为谭某某。一天，四方棍道协会成员参加日常训练，谭某某未在训练现场指导和监督。学生易某在与肖某（未满十八周岁）对练时，不慎用棍子击中肖某的眼部及鼻子。在医院治疗终结后，某法医临床司法鉴定所认定肖某构成七级伤残。肖某对易某、该学院提起法律诉讼。法院审理认为，该学院作为教育管理机构，应建立完善的安全制度，加强对学生的人身安全教育，采取积极的措施保障学生的人身安全。在学生参加具有一定危险性的社团活动时，

没有指导老师进行指导辅助，致使肖某受伤，学校因此须承担相应的责任，结合本案，法院认定学校应当承担事故损失的20%。肖某与易某在参加社团活动时明知应知对练活动存在一定危险性，且在没有佩戴必要护具以及无专业人士指导下仍坚持进行，双方对于事故的发生都存在不可推卸的责任。法院认定原告肖某、被告易某各须承担事故损失的40%。

【相关法律法规】

《中华人民共和国高等教育法》第五十七条：高等学校的学生，可以在校内组织学生团体。学生团体在法律、法规规定的范围内活动，服从学校的领导和管理。

《中华人民共和国民法典》第一千一百六十五条：行为人因过错侵害他人民事权益造成损害的，应当承担侵权责任。依照法律规定推定行为人有过错，其不能证明自己没有过错的，应当承担侵权责任。

【释法概述】

高校学生团体是由在高校就读并有正式学籍的学生自愿组成的，为实现会员共同意愿，按照章程开展活动的非盈利性的学生组织。近年来，高校学生团体发展迅猛，活动空间不断扩大。如果学生团体在校内外活动过程中发生学生人身或财产损失，或者造成他人人身或财产损失，那么对学生团体负有监管责任的高校有可能面临法律纠纷，甚至要承担相应的法律赔偿责任。因此，高校教师既应树立依法管理的观念，培养法律风险防范意识，也要厘清对学生团体所涉及的法律关系的认识，明确在管理学生团体时法律上的权利与义务。高校教师在活动开展前要做好前期预案，活动过程中必须坚持正确的政治方向并且注意安全保障，活动结束后要组织学生进行总结。

43. 高校教师可以让学生帮助推广信用卡吗？

不可以。

【核心提示】

教师要积极奉献社会，履行社会责任，贡献聪明才智，树立正确义利观；不得假公济私，擅自利用学校名义或校名、校徽、专利、场所等资源谋取个人利益。

【以案说法】

李某系某高校辅导员，其朋友刘某在当地某银行从事信用卡推广工作。一次聚会上，二人商谈由李某利用管理的数百名大学生资源，帮助刘某完成年度信用卡推广任务，刘某承诺每新办一张信用卡支付李某80元报酬。李某在学生例会上要求所有学生干部上交身份证办卡，同时，鼓励其他学生也上交身份证办理信用卡。后来，这件事情引起了部分学生及家长的不满，将此事举报到学校。学校有关部门接到举报后进行了调查，及时返还学生的身份证，幸未造成不良后果。学校认为，李某的行为违反了教育法和《新时代高校教师职业行为十项准则》规定，给予李某党内严重警告、行政记过处分。

【相关法律法规】

《中华人民共和国刑法》第二百五十三条之一：违反国家有关规

定，向他人出售或者提供公民个人信息，情节严重的，处三年以下有期徒刑或者拘役，并处或者单处罚金；情节特别严重的，处三年以上七年以下有期徒刑，并处罚金。违反国家有关规定，将在履行职责或者提供服务过程中获得的公民个人信息，出售或者提供给他人的，依照前款的规定从重处罚。窃取或者以其他方法非法获取公民个人信息的，依照第一款的规定处罚。单位犯前三款罪的，对单位判处罚金，并对其直接负责的主管人员和其他直接责任人员，各依照该款的规定处罚。

《中华人民共和国高等教育法》第五十二条：高等学校的教师、管理人员和教学辅助人员及其他专业技术人员，应当以教学和培养人才为中心做好本职工作。

《事业单位人事管理条例》第二十八条：事业单位工作人员有下列行为之一的，给予处分：（一）损害国家声誉和利益的；（二）失职渎职的；（三）利用工作之便谋取不正当利益的；（四）挥霍、浪费国家资财的；（五）严重违反职业道德、社会公德的；（六）其他严重违反纪律的。

【释法概述】

高校教师是依法履行教书育人法定职责的人，国家法律严格规定了教师的义务，教育部制定了《新时代高校教师职业行为十项准则》等规范，对教师的义务、职责和道德作出了具体规定，其中，不得利用工作之便谋取不正当利益是对高校教师的一项基本要求。教师依法履行教师职责，恪尽职守，既是道德要求，也是法律要求。教师、辅导员等高校工作人员如果利用职权谋取不正当利益，违反国家教育管理的法律法规，那么根据相关规定是要被追究行政责任、民事侵权责任的，情节严重、构成犯罪的将被依法追究刑事责任。

44. 高校教师能否与学生发展不正当关系？

不能。

【核心提示】

高校教师不得对学生实施性骚扰或发展不正当关系。

【以案说法】

张某是某大学副教授，任职十余年。2017年，其学生辛某在该校官方论坛发文，描述了张某对其实施性骚扰的行为，该文被多个网站转载。事后，张某向学校出具说明，自述其实施过触碰10名学生（不包括辛某）肩臂、大腿等行为。该大学经调查认为，张某在师德师风方面存在违规违纪行为，情节严重，影响恶劣，依据学校《关于进一步加强师德建设的实施意见》和《教职工处分暂行规定》，经校长办公会讨论决定，给予张某开除处分。张某认为辛某在学校论坛上发布不属实文章，导致其社会评价降低并被学校开除，侵犯了其名誉权，遂对辛某和该大学提起诉讼。法院经审理认为，名誉属于人格的内容，是社会对民事主体的品德、才干、信誉等的综合评价。承担名誉权侵权责任的前提为受害人产生了社会评价降低的损害后果、行为人的违法行为与损害后果之间有因果关系、行为人主观上有过错。虽然辛某未能证明张某的具体行为，但张某的社会评价降低是因师德师风存在违规违纪行为且情节严重、影响恶劣，进而被学校予以开除处分的客观事实所导致的。另外，虽然学校启

动对张某师风师德的调查程序是因辛某的发帖行为所致，但发帖行为属于控告、检举行为，任何公民均有揭露他人违规违法行为的权利和义务，且经学校调查表明，张某确存在师风师德违规违纪的行为。故法院认为，辛某和学校不应承担对张某名誉权的侵权责任，判决驳回了张某的诉讼请求。

【相关法律法规】

《中华人民共和国民法典》第一千零一十条：违背他人意愿，以言语、文字、图像、肢体行为等方式对他人实施性骚扰的，受害人有权依法请求行为人承担民事责任。机关、企业、学校等单位应当采取合理的预防、受理投诉、调查处置等措施，防止和制止利用职权、从属关系等实施性骚扰。

《中华人民共和国妇女权益保障法》第四十条：禁止对妇女实施性骚扰。受害妇女有权向单位和有关机关投诉。

【释法概述】

相关法律法规所禁止的“不正当关系”，是指超越男女间应保持的情感距离的男女关系，也特指非婚姻（或是非恋人关系）下的性关系。法律严禁任何形式的猥亵、性骚扰行为，教师应当言行雅正，为人师表，以身作则，举止文明，作风正派，自重自爱，不得与学生发生任何不正当关系。教师与在学学生间客观存在着从属关系，对学生行使课业成绩评定、毕业论文评定、日常表现考核等权力，故教师与学生之间发生的不正当关系难以用自愿来解释。大学生一般具有完全民事行为能力，能够自主决定谈不谈恋爱和与谁谈恋爱，若学生真的出于自愿与教师建立关系，即便该行为不为法律所追究，但是，鉴于教育的特殊使命、教师行为示范的职业要求，师生间应当建立和保持纯洁的师生友谊，教师应当成为学生成长道路上的引路人。

45. 研究生导师怎样处理好与研究生的关系？

研究生导师与研究生间的关系主要是指在教学、科研中的关系，正确处理好导师与研究生的关系是高校教育教学的基本要求。导师应当加强正确的思想引领、科学公正地参与招生、尽心尽力地投入指导、正确履行指导职责、严格遵守学术规范、把好学位论文质量关、严格监管经费使用、构建和谐师生关系；研究生应当认真完成学校依法制订的专业培养计划，积极参加科研活动，不断提升自己的学习能力和科研水平，顺利完成学业。

【核心提示】

导师应正确处理与研究生之间的关系。

【以案说法】

事例一：某大学博士生导师倪某某在指导研究生论文过程中存在言语不当、师德失范问题，在学术交流群辱骂学生被曝光。事后，该大学二级学院党政联席会议研究决定，对倪某某作出如下处理：其本人立即向当事学生及所在课题组学生当面道歉并作出深刻反省检查，在全院教职工范围内对其予以通报批评，立即停止其教学工作。

事例二：一天，某大学副教授华某某借指导一名女生使用学习软件为名，约其外出，在私家车上对其进行骚扰。该大学经调查，认定华某某性骚扰女学生，违反师德师风行为事实清楚、证据确凿，故决定撤销华某某教师资格、解除其教师职务、将其清除出教师队伍；取消华某某副教授专业技术职务资格；取消其研究生导师资格；撤销其所获荣誉、称号，追回相关奖金。

【相关法律法规】

《中华人民共和国教师法》第八条：教师应当履行下列义务：（一）遵守宪法、法律和职业道德，为人师表；（二）贯彻国家的教育方针，遵守规章制度，执行学校的教学计划，履行教师聘约，完成教育教学工作任务；（三）对学生进行宪法所确定的基本原则的教育和爱国主义、民族团结的教育，法制教育以及思想品德、文化、科学技术教育，组织、带领学生开展有益的社会活动；（四）关心、爱护全体学生，尊重学生人格，促进学生在品德、智力、体质等方面全面发展；（五）制止有害于学生的行为或者其他侵犯学生合法权益的行为，批评和抵制有害于学生健康成长的现象；（六）不断提高思想政治觉悟和教育教学业务水平。

《中华人民共和国教师法》第三十七条：教师有下列情形之一的，由所在学校、其他教育机构或者教育行政部门给予行政处分或者解聘。（一）故意不完成教育教学任务给教育教学工作造成损失的；（二）体罚学生，经教育不改的；（三）品行不良、侮辱学生，影响恶劣的。教师有前款第（二）项、第（三）项所列情形之一，情节严重，构成犯罪的，依法追究刑事责任。

《教师资格条例》第十九条：有下列情形之一的，由县级以上人民政府教育行政部门撤销其教师资格：（一）弄虚作假、骗取教师资格的；（二）品行不良、侮辱学生，影响恶劣的。被撤销教师资格

的，自撤销之日起5年内不得重新申请认定教师资格，其教师资格证书由县级以上人民政府教育行政部门收缴。

【释法概述】

导师的言传身教对提高研究生培养质量尤为重要，高素质高水平的导师队伍是构建高质量研究生教育体系的重要保障，因此要增强导师的使命感、责任感、荣誉感，明确指导方式和重点，提升指导能力和水平，完善研究生导师制。教育部颁布的《研究生导师指导行为准则》，完善了导师指导行为基本规范，画出了严格的行为底线，引导教师自警自律，促进导师与研究生关系健康发展，为不断提升研究生培养质量提供制度保障。

46. 指导教师应承担学生学位论文作假的责任吗？

应承担。

【核心提示】

学生因学位论文作假接受处理，指导教师因未履行学术道德和学术规范教育、论文指导和审查把关等职责，也要接受学位授予单位给予的警告、记过处分；情节严重的，可以降低其岗位等级直至给予开除处分或者解除聘任合同。

【以案说法】

事例一：董某是某大学硕士研究生，指导教师为邓某。在某市开展的硕士学位论文抽检中，董某的论文被认定为存在问题。该校研究生院经研究作出决定：停止邓某一个学年度内各类硕士生招生工作，其恢复招生后，两年内不得招收定向硕士研究生；抽检结果书面通知论文作者；主管校领导对邓某及其所属二级培养单位负责人和专业（学科）负责人进行质量约谈；抽检结果作为相关教师岗位晋职、晋级聘任的重要依据。

事例二：教育部教育督导局在2020年通报了三起对学位论文作假行为的查处。一是某大学2005届博士毕业生王某的博士学位论文存在严重抄袭，被撤销博士学位，注销博士学位证书。二是某大学2007届硕士毕业生贾某某的硕士学位论文存在严重抄袭，被撤销硕士学位，注销硕士学位证书。三是某大学2018届硕士毕业生林某的硕士学位论文，与同年毕业的另外一所大学的硕士研究生刘某某的

硕士学位论文高度雷同，后查证林某、刘某某的硕士学位论文均存在买卖、代写行为，均被撤销硕士学位，注销硕士学位证书。

【相关法律法规】

《中华人民共和国教师法》第八条：教师应当履行下列义务：（一）遵守宪法、法律和职业道德，为人师表；（二）贯彻国家的教育方针，遵守规章制度，执行学校的教学计划，履行教师聘约，完成教育教学工作任务；（三）对学生进行宪法所确定的基本原则的教育和爱国主义、民族团结的教育，法制教育以及思想品德、文化、科学技术教育，组织、带领学生开展有益的社会活动；（四）关心、爱护全体学生，尊重学生人格，促进学生在品德、智力、体质等方面全面发展；（五）制止有害于学生的行为或者其他侵犯学生合法权益的行为，批评和抵制有害于学生健康成长的现象；（六）不断提高思想政治觉悟和教育教学业务水平。

《中华人民共和国高等教育法》第五十一条第二款：高等学校应当对教师、管理人员和教学辅助人员及其他专业技术人员的思想政治表现、职业道德、业务水平和工作实绩进行考核，考核结果作为聘任或者解聘、晋升、奖励或者处分的依据。

《中华人民共和国学位条例》第十七条：学位授予单位对于已经授予的学位，如发现有舞弊作伪等严重违反本条例规定的情况，经学位评定委员会复议，可以撤销。

【释法概述】

我国对于符合学位授予条件的高校学生，分别授予学士学位、硕士学位和博士学位。一个时期以来，高校学生买卖、代写学位论文等作假行为不时发生，严重败坏了学风，造成恶劣的社会影响。学生学位论文作假行为的出现，是指导教师未坚守学术底线，未履

行学术道德和学术规范教育、论文指导和审查把关等职责造成的。国家不断加强学术道德建设，加强和改进师德建设，开展学风规范的制度建设，查处学术不端行为。教育部令第34号《学位论文作假行为处理办法》，就申请博士、硕士、学士学位所提交的博士学位论文、硕士学位论文和本科毕业论文（毕业设计或其他毕业实践环节）的作假情形作出规定，分别为购买、出售学位论文或者组织学位论文买卖的，由他人代写、为他人代写学位论文或者组织学位论文代写的，剽窃他人作品和学术成果的，伪造数据的，有其他严重学位论文作假行为的等五种。

47. 高校教职工身份有哪些?

高校教职工身份分为管理岗位、专业技术岗位、工勤技能岗位三种类别。专业技术岗位分为教师岗位和其他专业技术岗位。

【核心提示】

高等学校岗位实行分类管理。

【以案说法】

唐某是某高校职工，2010年，学校将其调到附属幼儿园担任教师工作并正式发文聘任；2011年，学校在给唐某设定岗位级别时，将其确定为工勤技能岗位技术工五级。唐某不服，认为幼儿教师岗应为辅助系列专业技术岗位，应被确定为专业十一级，学校在定岗时侵害了其合法权益，遂对学校提起诉讼。法院审理认为，因岗位设置等引发的争议属于事业单位内部管理的范畴，不属于法院受理人事争议案件的范围，故裁定驳回唐某的起诉。

【相关法律法规】

《中华人民共和国高等教育法》第三十七条：高等学校根据实际需要和精简、效能的原则，自主确定教学、科学研究、行政职能部门等内部组织机构的设置和人员配备；按照国家有关规定，评聘教师和其他专业技术人员的职务，调整津贴及工资分配。

《中华人民共和国高等教育法》第四十九条：高等学校的管理人员，实行教育职员制度。高等学校的教学辅助人员及其他专业技术人员，实行专业技术职务聘任制度。

《事业单位人事管理条例》第二条第二款：国家对事业单位工作人员实行分级分类管理。

《事业单位人事管理条例》第六条：事业单位根据职责任务和工作需要，按照国家有关规定设置岗位。岗位应当具有明确的名称、职责任务、工作标准和任职条件。

【释法概述】

高等学校培养高级专门人才和职业人员，以高层次的教学、科研和社会服务为主要任务，所以高等学校的专业技术岗位分为教师岗位和其他专业技术岗位。教师岗位是专业技术主体岗位，主要承担培养高级专门人才和进行高层次的教学与科学研究的任务。为了满足高层次教学、科研和社会服务的事业发展需要，高等学校普遍配备完善的教学科研辅助支持机构与设施，如实验室、图书馆、出版社、档案馆、校医院、体育场馆等，其中的人员又需要具备一定的专业知识和技术，所以将该类岗位设置为区别于教师岗位的其他专业技术岗位。高校管理岗位的设置是为适应增强高等学校运转效能、提高工作效率、提升管理水平的需要，包括校、院（系）以及其他内设机构的管理岗位。工勤技能岗位是指承担技能操作和维护、后勤保障、服务等职责的工作岗位。

48. 辅导员与高校教师身份相同吗？

专职辅导员具有教师和管理人员双重身份。

【核心提示】

高校专职辅导员具有特殊的双重身份。

【以案说法】

某高校在师资队伍建设和党政管理干部培养总体规划中，依法依规将辅导员队伍建设纳入其中，专职辅导员享受同等待遇，按助教、讲师、副教授、教授的职称评聘要求，评聘思想政治教育学科或其他相关学科的专业技术职务。专职辅导员按管理序列职级晋升，按照学校有关规定，在专职辅导员岗位上连续工作满八年、爱岗敬业、成绩显著者，可以定为副处级辅导员，享受六级职员待遇。鉴于辅导员队伍人员流动性大、转岗现象普遍，该校规定辅导员工作满四年可转岗到其他行政岗位，按管理岗单线晋升；考取博士、教师职称并达到副教授后可申请转岗为教师。

【相关法律法规】

《中华人民共和国高等教育法》第四十七条第一款：高等学校实行教师职务制度。高等学校教师职务根据学校所承担的教学、科学研究等任务的需要设置。教师职务设助教、讲师、副教授、教授。

《中华人民共和国高等教育法》第四十九条：高等学校的管理人

员，实行教育职员制度。高等学校的教学辅助人员及其他专业技术人员，实行专业技术职务聘任制度。

【释法概述】

高校专职辅导员是指在院（系）专职从事大学生日常思想政治教育工作的人员，包括院（系）党委（党总支）副书记、学工组长、团委（团总支）书记等专职工作人员，具有教师和管理人员双重身份。高校辅导员是开展大学生思想政治教育的骨干力量，是大学生健康成长的指导者和引路人。在教育部令第43号《普通高等学校辅导员队伍建设规定》中，高等学校应参照专任教师聘任的待遇和保障，与专职辅导员建立人事聘用关系。辅导员特殊的双重身份为其职业发展带来了新的机遇与契机，职业发展呈双向性，职称评定呈双重性，能力要求朝着综合性发展。

49. 辅导员在学生突发意外事故中如何尽责?

辅导员在高校里是对学生进行日常管理的专业人员,也是一线管理人员。辅导员在学生遇到突发事件时,一是对危机事件作初步处理,努力稳定并控制局面,做到第一时间赶赴现场并统筹现场工作,尽快确认相关人员基本情况并把握重点人员和关键节点,迅速执行危机事件处理预案,及时稳定相关人员情绪,有效控制事态发展。二是及时了解事件相关信息并逐级上报,通过学生骨干、密切接触人员等渠道快速了解事件相关信息,对事件性质作出初步判断,协调事件涉及的相关部门迅速反应,把握事件脉络并提出初步处理方案。三是对事件发展及其影响进行持续关注与跟踪,密切联系相关人员,跟踪事件处理效果,掌握事件产生的影响,进行心理疏导。

【核心提示】

学生危机事件、突发事件的应对与管控。

【以案说法】

开学伊始,某高校学生开展军训。一天晚上,辅导员甲某接到电话反映学生乙某在食堂门口楼梯处摔倒,自己不能站起来。甲某指挥把控局面,不让任何人移动乙某,并立刻拨打120急救,自己第一时间赶赴现场。到达现场后,甲某考虑天气转凉就将自己的衣服

脱下给乙某盖上，同时疏散人群，初步判定情形较为严重并及时上报，随后赶赴医院，照顾和陪护学生，帮助医院完善患者病例档案。甲某及时联系家长通报情况，使家长作出最准确的判断和处理决定，解决了家长和学生的后顾之忧并做好学生的心理调适。突发事件后，甲某形成完整处理材料上报。

【相关法律法规】

《中华人民共和国教育法》第四十五条：教育、体育、卫生行政部门和学校及其他教育机构应当完善体育、卫生保健设施，保护学生的身心健康。

《中华人民共和国高等教育法》第五十二条：高等学校的教师、管理人员和教学辅助人员及其他专业技术人员，应当以教学和培养人才为中心做好本职工作。

【释法概述】

高校辅导员对学生突发意外事故的应对是一项重要工作，往往影响事件的走向。教育部印发的《高等学校辅导员职业能力标准》规定了高校辅导员应当具备应对危机事件的能力。高校辅导员应当对照这些标准和要求建立知识和理论体系，明晰岗位职责和工作边界，不断提高自身专业素养和职业能力，完成对学生的教育职责，保护学生的身心健康。

50. 高校教师可以兼职吗？

可以。

【核心提示】

双重劳动关系。

【以案说法】

陈某系某师范学院在编教师。2010年，某大学与陈某签订了《引进人才协议书》，约定聘用陈某为该校生物学院教授，首次聘期五年；2017年，该大学告知陈某受聘期考核结果不合格，《引进人才协议书》终止。该争议先后经历劳动人事仲裁，法院一审、二审后，2018年终结。二审法院审理认为，劳动关系具有唯一性和排他性的特征，即一般情况下每个职工在同一时间只能与一个用人单位建立劳动法律关系，而不能同时建立多个劳动法律关系。陈某在保持与某师范学院人事关系的同时，主张与某大学建立劳动关系没有法律依据。法院判决，陈某与某大学不存在劳动关系，某大学应当支付陈某在该大学的劳动报酬。

【相关法律法规】

《中华人民共和国劳动合同法》第三十九条：劳动者有下列情形之一的，用人单位可以解除劳动合同：（四）劳动者同时与其他用人单位建立劳动关系，对完成本单位的工作任务造成严重影响，或者经用人单位提出，拒不改正的。

《中华人民共和国劳动合同法》第六十九条第二款：从事非全日制用工的劳动者可以与一个或者一个以上用人单位订立劳动合同；但是，后订立的劳动合同不得影响先订立的劳动合同的履行。

《中华人民共和国劳动合同法》第九十一条：用人单位招用与其他用人单位尚未解除或者终止劳动合同的劳动者，给其他用人单位造成损失的，应当承担连带赔偿责任。

【释法概述】

我国允许科研人员从事兼职工作获得合法收入。科研人员在履行好岗位职责、完成本职工作的前提下，经所在单位同意，可以到企业和其他科研机构、高校、社会组织等兼职并取得合法报酬。高等学校要建立健全兼职教师管理制度，教师在履行校内岗位职责、不影响本职工作的前提下，经学校同意，可在校外兼职从事与本人学科密切相关并能发挥其专业能力的工作。但是，法律规定如果高校教师与其他用人单位建立劳动关系，对完成本校工作任务造成影响的，或经学校指出拒不改正的，学校可以随时解除劳动合同，第三方给学校造成损失的，应当承担连带赔偿责任。法律对兼职劳动关系是一种不提倡也不禁止的态度，但兼职的存在必须以不侵犯原用人单位的利益为前提。

51. 高校教师离职时需要退还学校已经给付的培训费吗?

> 高校教师离职时，如果违反服务期约定的，需要按照约定退还相应专项培训费用。

【核心提示】

教师应诚信守约。

【以案说法】

王某系某理工学院在编教师。该学院先后以公派方式送王某到某甲大学、某乙大学攻读硕士、博士学位，在此期间，王某又被派到某乙大学做访问学者、到欧洲六国考察、去日本某大学进行学术交流考察。该学院每次安排王某培训、进修、考察时，双方均签订了协议，协议明确了王某与学院双方的权利义务及违约责任。协议服务期内的第一年，王某提出辞职，学院没有同意，双方遂诉至法院。法院认为，王某与某理工学院签订的培训、进修等协议未违反法律的强制性规定，合同双方均应严格履行合同义务，王某单方面提出辞职请求违反了协议的约定，应当承担相应的违约责任。故判决王某向理工学院支付学费、工资及各项福利待遇合计405487.7元，支付违反培训、进修协议不足年限服务违约金236783元。

【相关法律法规】

《中华人民共和国劳动合同法》第二十二条：用人单位为劳动者提供专项培训费用，对其进行专业技术培训的，可以与该劳动者订立协议，约定服务期。劳动者违反服务期约定的，应当按照约定向用人单位支付违约金。违约金的数额不得超过用人单位提供的培训费用。用人单位要求劳动者支付的违约金不得超过服务期尚未履行部分所应分摊的培训费用。用人单位与劳动者约定服务期的，不影响按照正常的工资调整机制提高劳动者在服务期期间的劳动报酬。

【释法概述】

为适应不断变化的社会，为学生传授最新的知识成果，高校建立了教师培训制度，以提升教师的业务能力和教学水平，如高校出具全部或部分经费，将符合条件的教师选送到国外或国内其他高校进行脱产或不脱产的学习和培训。高校教师作为事业单位工作人员应当适用《事业单位人事管理条例》等，同时，作为劳动者应当适用劳动合同法、劳动法等规定。高校教师在学校资助下完成培训、进修后提前离职，会给学校造成损失。我国法律关于劳动者服务期的规定，既保障了劳动者自主择业的权利，也维护了单位与劳动者之间的公平，对单位损失进行一定的弥补。这项法律规定发挥具体作用是建立在单位与劳动者就培训后的服务期等内容订立专门协议的基础上的，只要协议的订立是双方真实意思表示并且不违反法律法规的强制性规定，协议双方就应当遵守。

52. 高校教师代表学校对外签订合同时应注意什么？

> 对外签订合同是高校教师的一项基本能力，合同一经签署即具备约束双方的法律效力。教师在签订合同前要取得学校授权并保证预算充足，才能以二级部门名义对外签订合同；合同签订前应注意审查合同相对方的资信水平和履约能力，防止合同签订后不能如约履行导致无法实现合同目的；注意查验所签订合同文本内容是否符合双方约定的条件；合同签订后保存好合同原件并及时办理合同归档工作。

【核心提示】

规避签订合同的法律风险。

【以案说法】

某高校与某公司签署技术开发合同，约定由李某作为项目负责人组建课题组完成合同约定的任务。该公司依照约定向该高校分批支付共计 200 万元合同款，但是，课题组未能在合同约定时间交付最终研究成果。该公司要求高校依照合同的约定承担违约责任，返还已交付合同款共计 310 万元。高校对该公司的赔偿要求感到困惑，合同约定的违约责任是返还合同款的 80%，即 160 万元，何来 310 万元？原来，李某在以某高校名义与该公司签订技术开发合同的同时，还以个人名义与该公司签署了另外一份合同，约定该公司需向李某支付 150 万元，如果没有按照约定提交最终成果，需要将 150 万元全额返还该公司。两份合同除标的额不同之外，其他条款完全一致。该高校认为，学校对李某以个人名义签署的合同不知情，该笔合同款也没有支付给学校，学校对此不承担责任。法院受理此案，审理认为，依据合同相对性原则，按照民法典规定，依法成立的合同，仅对当事人具有法律约束力，故判决李某以个人名义与该公司签订的合同，其效力仅适于合同的当事人，高校不承担150万元的赔偿责任。

【相关法律法规】

《中华人民共和国民法典》第四百六十五条：依法成立的合同，受法律保护。依法成立的合同，仅对当事人具有法律约束力，但是法律另有规定的除外。

《中华人民共和国民法典》第一百六十二条：代理人在代理权限内，以被代理人名义实施的民事法律行为，对被代理人发生效力。

《中华人民共和国民法典》第一百六十四条：代理人不履行或者不完全履行职责，造成被代理人损害的，应当承担民事责任。代理人和相对人恶意串通，损害被代理人合法权益的，代理人和相对人应当承担连带责任。

【释法概述】

高校教师在承担教学和科研任务的同时，还承担着服务国家、服务社会、服务市场主体的职责。高校教师购买科研设备和材料、委托测试或加工半成品等需与供方签订商务合同，为政府、企业提供科技服务、技术开发时也要签订合同。合同既是财务报销的依据，又能够保障买卖双方权益和交易安全。合同在当事人之间产生法律效力，各方均应当按照诚实信用原则严谨认真地签订合同，严格履行合同约定的义务。无论是受上级领导指示，还是个人基于科研工作需要，教师都不得草率与相对方签订合同；同时，要避免违反学校规定或未经学校授权擅自以学校名义对外签订合同，否则根据法律规定一旦被认定为“表见代理”，其合同签订的后果需要由学校来承担，给学校带来负面影响，也必然导致学校对该类行为责任的追究。

53. 高校教师得到学校资助出版的作品著作权归谁？

按照著作权法中职务作品的规定，著作权通常归作者享有。

【核心提示】

著作权的归属。

【以案说法】

某大学教师高某某主持并参与编写的《简明工程化学》，2000年由某甲出版社出版发行后，一直作为该校教材使用。2015年该教材需要重印，鉴于甲出版社出版合同已经到期，系主任李某某遂安排任课教师谢某负责重新出版事宜，且将署名问题告诉谢某：根据具体情况确定，谁参与了这项工作就署谁的名。《简明工程化学》重新出版工作由该大学教材科张某联系某乙出版社，之后，张某将出版合同从乙出版社带回交给谢某，由谢某与乙出版社签订合同，其间，双方均未说明书稿是由谁、什么时间、如何交给乙出版社的。谢某第一次接触书稿是接到乙出版社要求修改的稿件，其只对原高某某写作部分进行了部分勘误。后乙出版社出版了2000册《简明工程化学》，谢某为主编，在序言中注明谢某编写了序言及第三、四、五、六章，编制了附录。高某某知悉后，将谢某和乙出版社诉至法院。某市法院审理认为，高某某为甲出版社出版的《简明工程化学》一书序言及第三、四、五、六章的作者，并编制了附录。谢某并未参加《简明工程化学》一书的编写工作，依法不应成为该书的作者，

但其在负责涉案图书重新出版的过程中将自己确定为主编并在序言中注明参加编写了相关章节，这违反了我国著作权法中著作权属于作者的规定，构成了对高某某署名权的侵害。谢某作为高校教师对自己没有参加编写的作品能否署名应该有明确的认知，其抗辩理由不能成立。法院判决谢某在某网站发表声明，明确《简明工程化学》相关章节的作者为高某某，并对其因工作失误给高某某造成的影响致歉；乙出版社赔偿高某某经济损失人民币12000元；解除乙出版社与谢某签订的《简明工程化学》一书的出版合同。

【相关法律法规】

《中华人民共和国著作权法》第十一条：著作权属于作者，本法另有规定的除外。创作作品的自然人是作者。由法人或者非法人组织主持，代表法人或者非法人组织意志创作，并由法人或者非法人组织承担责任的作品，法人或者非法人组织视为作者。

《中华人民共和国著作权法》第十八条：自然人为完成法人或者非法人组织工作任务所创作的作品是职务作品，除本条第二款的规定以外，著作权由作者享有，但法人或者非法人组织有权在其业务范围内优先使用。作品完成两年内，未经单位同意，作者不得许可第三人以与单位使用的相同方式使用该作品。有下列情形之一的职务作品，作者享有署名权，著作权的其他权利由法人或者非法人组织享有，法人或者非法人组织可以给予作者奖励：（一）主要是利用法人或者非法人组织的物质技术条件创作，并由法人或者非法人组织承担责任的工程设计图、产品设计图、地图、示意图、计算机软件等职务作品；（二）报社、期刊社、通讯社、广播电台、电视台的工作人员创作的职务作品；（三）法律、行政法规规定或者合同约定著作权由法人或者非法人组织享有的职务作品。

【释法概述】

高校教材编写是一项教学研究工作，是一种复杂的智力创作活动，高校教材具有著作权法律意义上作品的独创性。作为我国高等院校的教学用书，高校教材相比一般文学作品、个人专著，有其特殊性：一是有稳定的大纲和严格的审查程序，二是有独特的表达方式，三是有较高的读者阶层，四是有稳定延续的内容形式。著作权是基于文学、艺术和科学作品依法产生的权利，无论是否发表，一经产生作者就依法享有著作权，受法律保护。著作权与署名权不是一回事。对于职务作品，其著作权通常归作者享有；著作权归单位享有的，作者享有署名权。

54. 高校教师职务发明创造的权利归属谁?

高校教师职务发明创造的权利归教师所在单位所有。

【核心提示】

职务发明创造专利权的归属。

【以案说法】

某学院与某环保科技有限公司签订《某学院工业废弃物综合治理与利用研究开发中心合资合同》,共同开发循环硫化锅炉脱硫技术。孟某某为某环保科技有限公司股东。2007年,该学院作为申请人向国家知识产权局申请发明专利,2009年被授予发明专利“循环硫化锅炉高效脱硫技术”,发明人为杨某某、孟某某、张某某,专利权人为该学院。2019年,孟某某提起诉讼,主张其为职务发明人,某学院应支付职务发明奖金等共计65万元。某市中级人民法院审理认为,本案所涉技术是由某学院与某环保科技有限公司签订合资合同共同研发的,孟某某并非某学院职工,故其行为不属于职务行为。职务发明奖励是对职务发明行为人的奖励制度,原告不具有职务发明人的资格,故其主张的职务发明人奖励缺乏法律依据。法院判决驳回孟某某的诉讼请求。

【相关法律法规】

《中华人民共和国高等教育法》第三十五条第二款:国家鼓励高等学校同企业事业组织、社会团体及其他社会组织在科学研究、技术开发和推广等方面进行多种形式的合作。

《中华人民共和国专利法》第六条：执行本单位的任务或者主要是利用本单位的物质技术条件所完成的发明创造为职务发明创造。职务发明创造申请专利的权利属于该单位，申请被批准后，该单位为专利权人。该单位可以依法处置其职务发明创造申请专利的权利和专利权，促进相关发明创造的实施和运用。非职务发明创造，申请专利的权利属于发明人或者设计人；申请被批准后，该发明人或者设计人为专利权人。利用本单位的物质技术条件所完成的发明创造，单位与发明人或者设计人订有合同，对申请专利的权利和专利权的归属作出约定的，从其约定。

《中华人民共和国促进科技成果转化法》第四十四条：职务科技成果转化后，由科技成果完成单位对完成、转化该项科技成果做出重要贡献的人员给予奖励和报酬。科技成果完成单位可以规定或者与科技人员约定奖励和报酬的方式、数额和时限。单位制定相关规定，应当充分听取本单位科技人员的意见，并在本单位公开相关规定。

【释法概述】

职务发明创造是企业、事业单位、社会团体、国家机关的工作人员在执行本单位的任务或者主要利用本单位的物质技术条件所完成的发明创造。我国职务发明分为两种情形，一是发明创造与单位交付的工作内容相关，二是发明创造与单位提供的物质技术条件相关。高校教师的职务发明创造所有权归属于所在高校，高校可以依法处置其职务发明创造申请专利的权利和专利权，促进相关发明创造的实施和运用。在国家大力倡导产学研融合发展的形势下，为推动高校科技成果向产业转化，有的地方已经开展了赋予科研人员职务科技成果所有权或长期使用权的改革。《中华人民共和国促进科技成果转化法》规定了科技成果完成单位应对完成、转化该项科技成果作出重要贡献的人员给予奖励和报酬。

55. 高校教师使用科研经费应注意哪些问题？纵向、横向科研项目经费的使用有区别吗？

随着经济发展、社会进步，高校承担的科研项目和筹措的科研经费均大幅增长，科研经费已成为高校重要的资金来源之一。为此，学校要高度重视科研经费管理，将科研经费纳入财务部门管理，建立健全科研经费管理责任制，不断完善科研经费管理制度，加强对项目的支出管理，加强科研经费转拨管理，逐步建立科研经费绩效考核制度。

高校纵向科研项目是指上级科技主管部门或机构批准立项的各类计划（规划）、基金项目，包括国家（部）、省（厅）、市（局）级项目。纵向项目是由政府下达的，虽然经费不多，但带有指导性，是衡量一所高校科研水平的重要指标。高校横向科研项目是指企事业单位、兄弟单位委托的各类科技开发、科技服务、科学研究等方面的项目，以及政府部门非常规申报渠道下达的项目。横向项目来源很广，较容易获得，研究内容更贴近社会需要，研究经费相对较多。

【核心提示】

高校科研经费管理。

【以案说法】

王某是某高校教授，先后利用作为某课题负责人的便利，通过虚报劳务费、交通费、服务费等手段骗取科研经费；利用担任多项

科研项目、课题、专题负责人的便利，将上述科研经费汇给其任法定代表人并未参与科研工作的某公司，该公司通过开具实验费、服务费、技术合作费等发票平账，骗取该校科研经费；通过虚构劳务支出并假冒他人签名领取，非法将科研经费据为己有。某审计机关对该校进行审计发现王某涉嫌贪污科研经费的犯罪线索，至此案发。法院审理认为，横向科研项目经费只是对该款项进入高校前的性质表述，款项进入学校财务账户后，即为由学校管理使用的公款。学校是科研项目的受托方，管理实行项目负责人制，由学校统一管理的科研经费属国有资金。项目负责人受学校委托，负责科研项目及科研经费的管理使用，并对项目经费使用的真实性承担责任。科研经费的使用，应严格按照学校的财务管理规定执行。王某作为学校指定的科研项目负责人，以所谓报销外协费、劳务费的名义，编造虚假项目支出、开具虚假发票，套取科研经费后非法占为己有的事实清楚。王某身为国家工作人员，利用职务上的便利，骗取公共财物，其行为已构成贪污罪，数额特别巨大，依法应予惩处。最终法院以贪污罪判处王某有期徒刑十年六个月，并处罚金人民币200万元。

【相关法律法规】

《中华人民共和国刑法》第三百八十二条：国家工作人员利用职务上的便利，侵吞、窃取、骗取或者以其他手段非法占有公共财物的，是贪污罪。受国家机关、国有公司、企业、事业单位、人民团体委托管理、经营国有财产的人员，利用职务上的便利，侵吞、窃取、骗取或者以其他手段非法占有国有财物的，以贪污论。与前两款所列人员勾结，伙同贪污的，以共犯论处。

《中华人民共和国刑法》第三百八十四条第一款：国家工作人员利用职务上的便利，挪用公款归个人使用，进行非法活动的，或者

挪用公款数额较大、进行营利活动的，或者挪用公款数额较大、超过三个月未还的，是挪用公款罪，处五年以下有期徒刑或者拘役；情节严重的，处五年以上有期徒刑。挪用公款数额巨大不退还的，处十年以上有期徒刑或者无期徒刑。

《中华人民共和国刑法》第二百七十一条第一款：公司、企业或者其他单位的工作人员，利用职务上的便利，将本单位财物非法占为己有，数额较大的，处三年以下有期徒刑或者拘役，并处罚金；数额巨大的，处三年以上十年以下有期徒刑，并处罚金；数额特别巨大的，处十年以上有期徒刑或者无期徒刑，并处罚金。

《行政事业性国有资产管理条例》第五十四条：各部门及其所属单位有下列行为之一的，责令改正，有违法所得的没收违法所得，情节较重的，对负有直接责任的主管人员和其他直接责任人员依法给予处分；构成犯罪的，依法追究刑事责任：（一）非法占有、使用国有资产或者采用弄虚作假等方式低价处置国有资产；（二）违反规定将国有资产用于对外投资或者设立营利性组织；（三）未按照规定评估国有资产导致国家利益损失；（四）其他违反本条例规定造成国有资产损失的行为。

【释法概述】

高校教师在科研活动中获得的纵向和横向项目经费属于学校管理使用的公款。承接科研项目的教师作为项目负责人受学校委托，负责科研项目及科研经费的管理使用，并对项目经费使用的真实性承担责任。科研经费的使用，应严格按照学校的财务管理规定执行，教师将科研经费据为己有则违反了国家有关资金、经费管理的法律法规规定，将被追究行政责任或刑事责任。教师套取科研经费后非法占为己有且达到法定数额的，若高校的性质为公立事业单位，那么该教师可能构成贪污罪或挪用公款罪；若性质为民办高校，则该

教师可能构成职务侵占罪。

2021年8月，国务院办公厅印发《国务院办公厅关于改革完善中央财政科研经费管理的若干意见》，提出扩大科研经费管理自主权，简化预算编制，按设备费、业务费、劳务费三大类编制直接费用预算；将设备费预算调剂权全部下放给项目承担单位，其他费用调剂权全部下放给项目负责人；扩大经费包干制实施范围，在人才类和基础研究类科研项目中推行经费包干制；加大科研人员激励力度；减轻科研人员事务性负担；改进科研绩效管理和监督检查，加强事中事后监管，对严重失信行为实行追责和惩戒等。这将有力地激发科研人员的创造性和创新活力，促进科技事业发展。

56. 高校教师如何保护好自己的科技成果?

高校教师应当通过合法的方式和程序，即通过协商、向人民法院起诉或请求有关行政管理机关处理等方式，来保护自己的科技成果。

【核心提示】

科技成果的保护。

【以案说法】

郭某系某大学教授，其主持研制的中药结肠炎丸被某省卫生厅、高等教育局、医药管理局鉴定并获《中药结肠炎丸技术鉴定证书》，其所在单位某学院（某大学更名前身）被认定为研究试制单位。该成果先后转让给某制药厂和某中药厂。郭某与该学院因为技术成果的归属问题产生争议。2003年，某省高级人民法院判决：中药结肠炎丸完成单位为该学院，由该学院奖励郭某10万元。后来，某学院更名后的某大学、某制药厂将结肠炎丸的技术成果转让给了某药业有限公司。2004年，某药业有限公司以结肠炎丸为基础，向国家知识产权局申请“治疗结肠炎症的药物及其制备方法”发明专利。国家知识产权局2006年予以授权，发明人为夏某，专利权人为某药业有限公司。郭某对该专利发明人的署名权持有异议，遂诉至法院。某大学、某制药厂认为，郭某已经在承诺中放弃就结肠炎丸成果引起的纠纷申诉、控告、上访权。而郭某认为承诺书只是称其不再对

结肠炎丸成果所引起的纠纷申诉、控告、上访，并未明确放弃专利发明人署名权这一人身权利。法院支持了郭某的主张，判决郭某享有专利发明人的署名权。

【相关法律法规】

《中华人民共和国著作权法》第三条：本法所称的作品，是指文学、艺术和科学领域内具有独创性并能以一定形式表现的智力成果，包括：（一）文字作品；（二）口述作品；（三）音乐、戏剧、曲艺、舞蹈、杂技艺术作品；（四）美术、建筑作品；（五）摄影作品；（六）视听作品；（七）工程设计图、产品设计图、地图、示意图等图形作品和模型作品；（八）计算机软件；（九）符合作品特征的其他智力成果。

《中华人民共和国著作权法》第十八条：自然人为完成法人或者非法人组织工作任务所创作的作品是职务作品，除本条第二款的规定以外，著作权由作者享有，但法人或者非法人组织有权在其业务范围内优先使用。作品完成两年内，未经单位同意，作者不得许可第三人以与单位使用的相同方式使用该作品。有下列情形之一的职务作品，作者享有署名权，著作权的其他权利由法人或者非法人组织享有，法人或者非法人组织可以给予作者奖励：（一）主要是利用法人或者非法人组织的物质技术条件创作，并由法人或者非法人组织承担责任的工程设计图、产品设计图、地图、示意图、计算机软件等职务作品；（二）报社、期刊社、通讯社、广播电台、电视台的工作人员创作的职务作品；（三）法律、行政法规规定或者合同约定著作权由法人或者非法人组织享有的职务作品。

《中华人民共和国专利法》第十六条第一款：发明人或者设计人有权在专利文件中写明自己是发明人或者设计人。

《中华人民共和国民法典》第九百九十条：人格权是民事主体享

有的生命权、身体权、健康权、姓名权、名称权、肖像权、名誉权、荣誉权、隐私权等权利。除前款规定的人格权外，自然人享有基于人身自由、人格尊严产生的其他人格权益。

《中华人民共和国民法典》第九百九十二条：人格权不得放弃、转让或者继承。

【释法概述】

技术成果是指利用科学技术知识、信息和经验作出的涉及产品、工艺、材料及其改进等的技术方案，包括专利、专利申请、技术秘密、计算机软件、集成电路布图设计、植物新品种等。我国高度重视保护知识产权，先后加入了大部分知识产权的国际多边条约，开展了保护知识产权的国内立法，包括《中华人民共和国专利法》、《中华人民共和国著作权法》和《集成电路布图设计保护条例》、《计算机软件保护条例》、《中华人民共和国植物新品种保护条例》等。民法典在合同篇中用一章专门规定“技术合同”。对于侵犯著作权的，权利人可以通过自力救济、向有关行政机关投诉、向人民法院起诉或按照仲裁协议向仲裁机构申请仲裁，来追究侵权人的行政责任、民事责任。专利权纠纷可以通过协商、向人民法院起诉或请求管理专利工作的部门处理。

57. 职业院校教师组织学生校外实习发生伤害的，由谁承担赔偿责任？

学生实习期间受伤，所在实习单位作为直接管理人，应承担主要赔偿责任。职业院校作为学生实习期间的间接管理人，应承担次要赔偿责任。

【核心提示】

校外实习、实践活动期间，学生发生伤害的赔偿责任划分。

【以案说法】

某职业院校学生盛某在某公司实习期间，因未带防护面罩工作造成面部和眼睛灼伤，在就赔偿问题协商未果的情况下将实习公司和学校诉至法院。一审法院认为，该公司系盛某实习期间的直接管理人，与盛某之间属支配与被支配的关系，盛某虽为实习生，但其在从事劳动期间享有获得用人单位劳动保护的权利，该公司因对盛某工作中未带防护面罩的行为未予管理以及对其操作未予指导和监督而存在过错，故应对盛某所受损害承担主要责任。该学校作为盛某实习期间的间接管理人，可以通过对学生的安全教育以及与企业的沟通协商等方式予以控制和防范危险，而盛某参加的实习是所在院校教学内容的延伸和扩展，因此学校对盛某疏于管理，未尽到相关义务，故应对盛某所受损害承担次要责任。二审法院在审理后维持了一审判决。

【相关法律法规】

《中华人民共和国民法典》第一千一百六十五条：行为人因过错侵害他人民事权益造成损害的，应当承担侵权责任。依照法律规定推定行为人有过错，其不能证明自己没有过错的，应当承担侵权责任。

《中华人民共和国民法典》第一千一百七十三条：被侵权人对同一损害的发生或者扩大有过错的，可以减轻侵权人的责任。

《中华人民共和国职业教育法》第三十七条：国务院有关部门、县级以上地方各级人民政府以及举办职业学校、职业培训机构的组织、公民个人，应当加强职业教育生产实习基地的建设。企业、事业组织应当接纳职业学校和职业培训机构的学生和教师实习；对上岗实习的，应当给予适当的劳动报酬。

《中华人民共和国劳动法》第三条：劳动者享有平等就业和选择职业的权利、取得劳动报酬的权利、休息休假的权利、获得劳动安全卫生保护的权利、接受职业技能培训的权利、享受社会保险和福利的权利、提请劳动争议处理的权利以及法律规定的其他劳动权利。

【释法概述】

职业院校学生参加校外实习、实践活动，是按照人才培养方案作出安排的实践教学环节，接纳职业院校学生实习是用人单位的法定义务。按照法律规定，实习学生有获得用人单位劳动保护的权利，用人单位为避免学生实习期间伤害侵权事件发生，要对参加实习、实践活动学生的岗位职责履行、不规范行为等给予管理、指导和监督，承担起劳动安全主体责任；职业院校要在教学环节中尽到安全教育责任，明确教学实习任务；实习指导师傅要严格按照用人单位的规章制度和设备操作规定指导学生，保护学生劳动安全，防止学生受伤害事故的发生。

58. 职业院校教师教学中致学生受伤需承担赔偿责任吗?

教师在履职行为中存在明显过错的，应由所在职业院校承担学生伤害全部的过错责任。

【核心提示】

职业院校教师在实施教学活动时有安全保障的义务，应全程监控整个教学过程，覆盖所有学生，避免安全事故发生。

【以案说法】

一天，某职业院校体育老师郭某在上课时组织学生练习投掷铅球，练习中采取两组相向投掷的方式。蔡某投掷时不小心造成黄某头部受伤。黄某受伤后就赔偿问题多次与校方协商未果，将学校和蔡某诉至法院，要求蔡某和该职院负事故的全部责任。法院审理认为，该职院作为体育活动的组织者，拥有对活动的组织、管理责任，应当预见到两组相向轮流投、接球的危险性，在活动的组织上存在缺陷，留下了安全隐患，故应承担管理不当的过错责任。本次事故发生时，体育老师郭某未能及时发现被告蔡某投球及原告黄某进入着球区，致使本次事故的发生，而原告黄某及被告蔡某并无法律上的注意义务，无须承担本次事故责任。

【相关法律法规】

《中华人民共和国民法典》第一千一百六十五条：行为人因过错侵害他人民事权益造成损害的，应当承担侵权责任。依照法律规定推定行为人有过错，其不能证明自己没有过错的，应当承担侵权责任。

《中华人民共和国民法典》第一千一百七十三条：被侵权人对同一损害的发生或者扩大有过错的，可以减轻侵权人的责任。

《中华人民共和国教育法》第四十三条：受教育者享有下列权利：（四）对学校给予的处分不服向有关部门提出申诉，对学校、教师侵犯其人身权、财产权等合法权益，提出申诉或者依法提起诉讼。

【释法概述】

学生伤害事故是指在学校实施的教育教学活动或者学校组织的校外活动以及在学校负有直接管理责任的校舍、场地及其他教育教学、生活设施内发生的造成在校学生人身损害后果的事故。学校、教师首先保护的是学生的人身和财产安全，其次是保证教学质量和教学任务的完成。如果学校违反了义务或没有履行相应职责，造成了学生的人身伤害，无论是故意、疏忽大意或者过于自信，都应当承担相应的民事赔偿责任。学生的人身权、财产权等合法权益受法律保护，如果学校、教师侵犯了学生的合法权益，学生可以向有关教育部门申诉，也可以向管辖法院提起诉讼。

59. 职业院校教师体罚违纪学生导致学生受伤害的由谁承担责任？

> 学校未尽到教育管理职责，导致教师体罚学生造成伤害的，学校、教师应分别承担侵权责任。

【核心提示】

职业院校应该加强教师职业道德等方面的思想教育，对犯错误的学生进行教育引导和批评时不能采取粗暴的处理方式。

【以案说法】

某职业院校教师赵某是学生王某的班主任。一天下午，王某上课迟到，被赵某打伤右眼，后被司法鉴定中心鉴定为七级伤残。王某将赵某和学校告上法庭。法院审理认为，职业院校是专门从事教育的机构，是学生接受文化知识、职业技能的场所，应该加强对教职员工职业道德等方面的思想教育。该职业院校未尽到教育管理职责，导致本案发生，应承担相应责任。赵某身为职业院校教职员工，对学生负有教书育人职责，对犯错误的学生应进行正确适当的批评和引导，而不应采取粗暴的处理方式。法院判定，该职业院校承担70%的赔偿责任，赵某承担30%的赔偿责任。

【相关法律法规】

《中华人民共和国民法典》第一千一百六十五条：行为人因过错侵害他人民事权益造成损害的，应当承担侵权责任。依照法律规定

推定行为人有过错，其不能证明自己没有过错的，应当承担侵权责任。

《中华人民共和国民法典》第一千一百九十一条：用人单位的工作人员因执行工作任务造成他人损害的，由用人单位承担侵权责任。用人单位承担侵权责任后，可以向有故意或者重大过失的工作人员追偿。劳务派遣期间，被派遣的工作人员因执行工作任务造成他人损害的，由接受劳务派遣的用工单位承担侵权责任；劳务派遣单位有过错的，承担相应的责任。

《中华人民共和国教育法》第四十三条：受教育者享有下列权利：（四）对学校给予的处分不服向有关部门提出申诉，对学校、教师侵犯其人身权、财产权等合法权益，提出申诉或者依法提起诉讼。

《中华人民共和国教育法》第四十四条：受教育者应当履行下列义务：（一）遵守法律、法规；（二）遵守学生行为规范，尊敬师长，养成良好的思想品德和行为习惯；（三）努力学习，完成规定的学习任务；（四）遵守所在学校或者其他教育机构的管理制度。

《中华人民共和国未成年人保护法》第二十七条：学校、幼儿园的教职员工应当尊重未成年人人格尊严，不得对未成年人实施体罚、变相体罚或者其他侮辱人格尊严的行为。

【释法概述】

我国法律明确规定了学校、教师严禁体罚学生，否则，学校应当承担相应责任。教师应采取思想教育的方式以及适用学校纪律规定对学生进行管理、教育，而不是采取体罚或者辱骂的方式。学校作为教师的管理者，对教师侵害学生合法权益的行为应承担相应责任，赔偿受害学生，之后学校可以向教师追偿。

60. 职业院校需要为课间活动学生间发生的伤害承担赔偿责任吗?

> 课间活动中学生受伤的，学校在学生受伤过程中不存在过错的不承担赔偿责任，存在过错的应当承担赔偿责任。

【核心提示】

学校应履行职责保障学生人身安全。

【以案说法】

一天，某职业院校的学生孙某主动搂着李某肩膀让其陪同去校内小卖部买东西，行走中李某跌倒，造成身体多处骨折。李某与学校协商未果起诉至法院。法院审理认为，李某与孙某均系未成年人，诸如搂肩膀一同行走之类的行为当属青少年同学、朋友之间的常见现象，以其年龄和所受教育程度而言对该类行为的潜在危险应有足够的认识。李某的受伤系二人疏于履行注意安全义务所致，双方均存在过错。孙某主动搂着李某肩膀的行为，是造成伤害后果的主要原因，过错较重；李某接受孙某搂着其肩膀一并行走，系造成自身伤害后果的次要原因，过错较轻。该职业院校安排了教师赵某在课间监督学生活动，已经履行相应的教育与监督责任，不存在过错。法院判定，原告李某承担30%责任，被告孙某承担70%责任，由孙某法定监护人对李某进行赔偿。

【相关法律法规】

《中华人民共和国民法典》第一千一百六十五条：行为人因过错侵害他人民事权益造成损害的，应当承担侵权责任。依照法律规定推定行为人有过错，其不能证明自己没有过错的，应当承担侵权责任。

《中华人民共和国民法典》第一千一百八十八条：无民事行为能力人、限制民事行为能力人造成他人损害的，由监护人承担侵权责任。监护人尽到监护职责的，可以减轻其侵权责任。有财产的无民事行为能力人、限制民事行为能力人造成他人损害的，从本人财产中支付赔偿费用；不足部分，由监护人赔偿。

《中华人民共和国教育法》第四十四条：受教育者应当履行下列义务：（一）遵守法律、法规；（二）遵守学生行为规范，尊敬师长，养成良好的思想品德和行为习惯；（三）努力学习，完成规定的学习任务；（四）遵守所在学校或者其他教育机构的管理制度。

【释法概述】

职业院校应当针对在校未成年学生、成年学生建立健全学生日常行为规范、保护制度并组织学生学习，帮助他们在日常学习、生活中养成良好的行为习惯。个别学生因违反行为规范、触犯制度规定而发生意外伤害事故的，职业院校、教师应当第一时间进行合理救护、妥善处理事故，并及时通知事故学生的父母或者其他监护人，同时向主管教育部门报告。侵权学生的父母或者其他个人、单位、组织是其监护人的，承担监护职责，对其（未成年人）侵权行为造成他人的损失应当依法承担赔偿责任。

61. 职业院校教师查看学生手机内容的做法对吗?

不对。

【核心提示】

教师私自查看他人手机内容是侵犯他人隐私权。

【以案说法】

刘某是小王同学的班主任。刘某在浏览“朋友圈”时发现小王可能是同性恋，很担心，并找小王身边好友询问其平时的恋爱表现。刘某在检查寝室卫生时，趁小王不在查看了小王与同性朋友的微信聊天记录，确认了小王是同性恋这一事实。后来，刘某通过多次谈心、教育把小王引上了正轨，使其以更加积极的心态面对学习、生活。然而，刘某私自查看学生手机内容的行为，让小王和同寝室同学一直耿耿于怀。

【相关法律法规】

《中华人民共和国民法典》第一千零三十二条：自然人享有隐私权。任何组织或者个人不得以刺探、侵扰、泄露、公开等方式侵害他人的隐私权。隐私是自然人的私人生活安宁和不愿为他人知晓的私密空间、私密活动、私密信息。

【释法概述】

微信、QQ等聊天记录属于个人的私密信息，他人如果不经本人同意，私自查看手机内容获悉私密信息的行为，属于侵害隐私权。教师不经学生同意，私自查看学生手机中的聊天记录、照片等行为，属于侵害学生的隐私权，学生可以向教师所在的学校反映、申诉，也可以向人民法院提起诉讼，来保护自己的合法权益。

62. 职业院校教师需要对在校学生的精神伤害承担赔偿责任吗?

> 学生在校期间的精神伤害，是由教师或者学校教育管理失职行为造成的，教师、学校需要负责；如果职业院校、教师在教育管理活动中没有直接侵害行为，也没有明显管理过错的，不承担赔偿责任。

【核心提示】

学校无过错不担责。

【以案说法】

某日，某职业院校学生郭某突然在教室发病，后被诊断为精神分裂症。原告为此将该校诉至法院，要求承担赔偿责任。法院审理认为，根据原告郭某提供的证据，无法证明学校在教育管理活动中存在过错。学校并非未成年学生的监护人，不应承担过于严格的注意义务，对学生在学习及与同学交往中因缺乏心理承受能力而导致的自身精神障碍也无法预见或采取妥善预防措施。该职业院校在日常教育管理活动中，既没有直接侵害行为，又没有明显的管理过错，故职业院校不承担过错赔偿责任。

【相关法律法规】

《中华人民共和国民法典》第一千一百八十三条：侵害自然人人身权益造成严重精神损害的，被侵权人有权请求精神损害赔偿。因故意或者重大过失侵害自然人具有人身意义的特定物造成严重精神损害的，被侵权人有权请求精神损害赔偿。

【释法概述】

学生在校期间发生精神伤害，诱发原因是多方面的，实际情况往往是当事人到校前就存在精神疾病，在遇到来自学校教师或者学生的刺激后而加重了精神疾病。如果不是由在校教师的过错引起的，学校对受害学生采取了及时救助并及时通知了其监护人，就没有管理上的过错，无法定赔偿责任。但是，学校根据实际情况和条件，可以自愿给予受害学生以适当帮助。

63. 职业院校教师怎样矫治学生小偷小摸行为?

> 有针对性地对学生进行社会公德、社会主义核心价值观、法治教育等，规范学生日常行为。

【核心提示】

加强对学生的思想政治教育，严格对学生行为的管理。

【以案说法】

某日凌晨2时许，刘某趁学校图书馆一自习室内无人，将蒋某放在该自习室桌上的一本英语教材和一本历年考研真题盗走。另外两天的凌晨，刘某分别将黎某某放在该自习室桌上的两件衣服及衣服口袋内的耳机一同盗走，将黄某放在该自习室内的棉拖鞋等物品盗走。法院审理此案，以被告人刘某犯盗窃罪，判处其拘役四个月，并处罚金人民币1000元。

【相关法律法规】

《中华人民共和国教育法》第四十四条：受教育者应当履行下列义务：（一）遵守法律、法规；（二）遵守学生行为规范，尊敬师长，养成良好的思想品德和行为习惯；（三）努力学习，完成规定的学习任务；（四）遵守所在学校或者其他教育机构的管理制度。

《中华人民共和国治安管理处罚法》第四十九条：盗窃、诈骗、哄抢、抢夺、敲诈勒索或者故意损毁公私财物的，处五日以上十日

以下拘留，可以并处五百元以下罚款；情节较重的，处十日以上十五日以下拘留，可以并处一千元以下罚款。

【释法概述】

校园内的小偷小摸行为，一般系个别有不良嗜好的学生所为，这些学生往往以同班、同寝室的人为目标来实施作案。一旦被发现，人赃并获，他们将面临接受行政处罚甚至刑罚的局面，不仅影响其个人学业和成长，也影响被盗学生的生活和学习，影响校园稳定。教师要及时对学生的小偷小摸行为进行普遍性教育，有针对性地加以告诫和矫正，才能确保立德树人教育目标在职业院校的落地落实，不让任何同学掉队。

64. 职业院校教师在教育教学活动及行政管理工作中需要履行信息公开义务吗?

需要。

【核心提示】

职业院校应当依法公开信息。

【以案说法】

王某向某大学成人教育学院提出信息公开申请，要求公开1998年6月学校为其颁发学习证明的形成过程，包括入学考试成绩、平时考试成绩、在学期间修完教学计划全部规定课程的合格情况。该学院以《不予公开信息告知书》回复王某，告知其申请公开的信息不属于政府信息。王某遂将该学院诉至法院，请求确认被告的《不予公开信息告知书》违法，并判令被告依法履行信息公开义务。一审法院认为，公民虽有依法申请获取高等职业院校信息的权利，但所申请公开的信息应属于政府信息的范畴，而原告所申请公开的内容，明显和行政机关或者教育机构履行相应的职责无关，遂驳回了原告王某的诉讼请求。

王某不服提起上诉。二审法院认为，上诉人要求被上诉人公开信息中的学籍、毕业证书信息均可通过网络查询，上诉人清楚查询途径，但尚有部分信息不能通过网络查询。原审法院判决驳回上诉人的诉讼请求不当，应予纠正。判决该学院在法定期限内对上诉人王某的申请作出处理。

【相关法律法规】

《中华人民共和国政府信息公开条例》第十三条：除本条例第十四条、第十五条、第十六条规定的政府信息外，政府信息应当公开。行政机关公开政府信息，采取主动公开和依申请公开的方式。

《中华人民共和国政府信息公开条例》第十四条：依法确定为国家秘密的政府信息，法律、行政法规禁止公开的政府信息，以及公开后可能危及国家安全、公共安全、经济安全、社会稳定的政府信息，不予公开。

《中华人民共和国政府信息公开条例》第十五条：涉及商业秘密、个人隐私等公开会对第三方合法权益造成损害的政府信息，行政机关不得公开。但是，第三方同意公开或者行政机关认为不公开会对公共利益造成重大影响的，予以公开。

《中华人民共和国政府信息公开条例》第十六条：行政机关的内部事务信息，包括人事管理、后勤管理、内部工作流程等方面的信息，可以不予公开。行政机关在履行行政管理职能过程中形成的讨论记录、过程稿、磋商信函、请示报告等过程性信息以及行政执法案卷信息，可以不予公开。法律、法规、规章规定上述信息应当公开的，从其规定。

《高等学校信息公开办法》第十条：高等学校对下列信息不予公开：（一）涉及国家秘密的；（二）涉及商业秘密的；（三）涉及个人隐私的；（四）法律、法规和规章以及学校规定的不予公开的其他信息。其中第（二）项、第（三）项所列的信息，经权利人同意公开或者高校认为不公开可能对公共利益造成重大影响的，可以予以公开。

【释法概述】

职业院校应该依法依规建立健全学校信息公开制度，服务师生、服务社会。学生在校期间的成绩关系到用人单位对其在校表现的考察，关系到学生选择继续学习的方向，关系到学生的法定知情权，是重要的学习信息，职业院校有义务公开涉及学生切身利益的信息。对于不依法履行信息公开义务的职业院校，学生可以向上级教育主管部门举报。收到举报的上级教育主管部门应当予以调查处理，学生对此行政行为不满意的，还可以依法申请行政复议或者提起行政诉讼。

65. 职业院校教师遇到学生考试作弊怎么办？

合法收集并保管证据，依法依规依纪处理。

【核心提示】

应当做到确认作弊证据充分、处理依据明确、事件定性准确、工作程序正当、决定处分适当。

【以案说法】

许某某是某职业学院学生，在参加考试过程中被监考老师发现携带与考试无关物品，属于违纪。学院教务处作出《关于许某某同学考试作弊情况说明》并附有“监考记录单”。该学院基础教学中心谢某通过手机短信的形式通知许某某母亲，告知其学校拟对许某某考试作弊一事进行听证。在走完相关手续和程序后，该职业学院作出《关于对许某某处分的决定》，由学校学生工作处向许某某送达处理决定并告知其对处分如有异议的救济渠道。一审法院审理认为，该职业学院作出的《关于对许某某处分的决定》适用法律、法规不当，对许某某的处罚偏重，判决撤销该职业学院作出的《关于对许某某处分的决定》。该职业学院不服遂上诉。二审法院审理认为，根据《某职业学院学生违纪处分条例》确定的第二次违纪从重处分的原则，上诉人以许某某第一次考试作弊受到“留校察看一年”的处分、第二次作弊属于情节严重应当从重处分为由，给予许某某开除学籍处分的决定，并未违反《普通高等学校学生管理规定》，故撤销了一审判决。

【相关法律法规】

《中华人民共和国教育法》第七十九条：考生在国家教育考试中有下列行为之一的，由组织考试的教育考试机构工作人员在考试现场采取必要措施予以制止并终止其继续参加考试；组织考试的教育考试机构可以取消其相关考试资格或者考试成绩；情节严重的，由教育行政部门责令停止参加相关国家教育考试一年以上三年以下；构成违反治安管理行为的，由公安机关依法给予治安管理处罚；构成犯罪的，依法追究刑事责任：（一）非法获取考试试题或者答案的；（二）携带或者使用考试作弊器材、资料的；（三）抄袭他人答案的；（四）让他人代替自己参加考试的；（五）其他以不正当手段获得考试成绩的作弊行为。

《中华人民共和国行政诉讼法》第八十九条：人民法院审理上诉案件，按照下列情形，分别处理：（二）原判决、裁定认定事实错误或者适用法律、法规错误的，依法改判、撤销或者变更。

【释法概述】

为维护高校正常的教育教学秩序，教师在考试中发现学生作弊的，要第一时间收集并保留学生违反考试纪律或者作弊的有效证据，及时上报学校，由学校依法依规依纪处理。教育部《普通高等学校学生管理规定》中指出，高校应当坚持教育与惩戒相结合，处分要与学生违法、违纪行为的性质和过错的严重程度相适应。学校对学生的处分，应当做到证据充分、依据明确、定性准确、程序正当、处分适当。学生对处分决定有异议的，可以向教育行政部门申诉。学生对学校侵害其合法权益提起行政诉讼的，人民法院主要审查学校作出处分决定的证据、法律依据、程序等，在此基础上作出公正判决。

66. 职业院校教师在学生管理中怎样保护学生的隐私？

> 教师应保护学生人格尊严，对知悉的学生隐私不得通过任何方式泄露给第三人，法律有特殊规定的除外。

【核心提示】

依法保护学生的隐私权。

【以案说法】

某职业学院学生赵某因故被一名教师打伤，警方随后介入调查，向赵某出具了一份有关调查事件的情况说明。事后，该情况说明的照片被公布在某网站帖文中，该职业院校在本校网站发布了《关于学生赵某反映被教师打伤一事的通报》，以回应上述网络帖文，多家网站对通报内容进行转载。2014年，赵某以该职业学院通报的内容侵犯了其姓名权、隐私权、名誉权为由向法院提起诉讼。法院审理认为，根据《高等学校学生学籍学历电子注册办法》规定，高等职业院校是学生学籍电子注册的主体。教育行政主管部门授予被告某职业院校教育部学信网密钥、密码，该院校对在校学生的学籍信息、既往学籍信息具有知情权，因此，被告使用原告的身份证号码查询信息，其行为不违反法律规定。被告向有关部门、领导反映情况，属被告的正常工作，不构成对原告隐私权的侵犯。故原告的诉讼请求，依法不予支持。

【相关法律法规】

《中华人民共和国宪法》第三十八条：中华人民共和国公民的人格尊严不受侵犯。禁止用任何方法对公民进行侮辱、诽谤和诬告陷害。

《中华人民共和国民法典》第一千零三十二条：自然人享有隐私权。任何组织或者个人不得以刺探、侵扰、泄露、公开等方式侵害他人的隐私权。隐私是自然人的私人生活安宁和不愿为他人知晓的私密空间、私密活动、私密信息。

【释法概述】

隐私权是一种基本的人格权利。教师侵犯学生隐私权的行为表现为泄露学生的基本信息、随意公开学生的违纪处分意见、不正当地搜查学生宿舍等。职业院校教师行使教育管理权时，一切调用学生隐私信息的活动必须是在授权限定范围内的，而且要出于管理目的，除此之外的行为均属于泄露隐私，涉及侵犯隐私权。教师要摒弃传统的教育管理观念，坚持以人为本的管理思想，充分尊重学生的人格和主体地位，不得以学生利益来换取个人利益、学校利益，应依法、合规地开展教育教学、管理工作，防止侵犯学生隐私权的事件发生。

67. 职业院校教师在评价学生违纪行为时是否构成侵害学生名誉权？

> 对学生的品行和违纪事实进行评价，是职业院校行使管理权的正当行为，应注意在评价中客观真实地描述事实，不得使用侮辱性、歧视性的表述。

【核心提示】

对学生违纪行为进行客观评价不构成侵权。

【以案说法】

某职业学院接到反映男同学在女寝室留宿的举报，经调查核实后对六名学生分别给予开除学籍等处分。被开除的六人以某职业学院在大会上公开宣扬他们存在“越轨行为”，侵害其名誉权为由，将学院诉至法院。一审法院审理认为，被告在处理原告在校发生的违纪行为时，有防止名誉权侵害行为的发生和保护原告隐私权不受侵害的义务。被告在缺乏事实根据的前提下，在不适当的场合公开宣扬有害原告身心健康的言语并造成较大社会影响，确已对原告的名誉权构成侵害，故判决校方赔偿经济损失和精神损失费。

某市中级人民法院受理此案，二审虽认定校方在大会上公开批评的事实成立，但同时认为因校方对学生作出处理决定而引发的名誉权纠纷，不属于人民法院的民事受案范围，故撤销一审判决。

【相关法律法规】

《中华人民共和国工会法》第三十八条：企业、事业单位研究经营管理和发展的重大问题应当听取工会的意见；召开讨论有关工资、福利、劳动安全卫生、社会保险等涉及职工切身利益的会议，必须有工会代表参加。企业、事业单位应当支持工会依法开展工作，工会应当支持企业、事业单位依法行使经营管理权。

《中华人民共和国民法典》第一千零二十四条：民事主体享有名誉权。任何组织或者个人不得以侮辱、诽谤等方式侵害他人的名誉权。名誉是对民事主体的品德、声望、才能、信用等的社会评价。

【释法概述】

职业院校教师在评价有违纪行为的学生时，应注意方式方法，避免以侮辱、诽谤等方式侵犯学生名誉权。国家机关、社会团体、企事业单位等部门与其管理的人员之间是一种领导与被领导、管理与被管理的关系，这些单位对其管理的人员所作的结论或者处理决定，是内部管理行为，并非平等民事主体之间的权利义务关系。职业院校在管理学生时，其与学生间并不是平等主体之间的权利义务关系，其处理决定对学生具有约束性。

68. 职业院校内发生校外第三人侵权事故，教师、职业院校承担法律责任吗？

> 在校学生人身伤害事故由校外第三人造成，学校、教师在安全保护方面有过错的，应承担民事责任。

【核心提示】

职业院校应当做到安全管理制度健全，教师、工作人员履行保护学生的职责，避免或者减少学生伤害事故发生。

【以案说法】

张某、王某、李某在某职业学校举行冬季运动会时强闯校门未得逞后，翻墙进入校园殴打该校学生项某；19岁的白某上前制止，遭到张某等三人围殴并被张某用事先准备的刀刺成重伤。白某将张某等三人和职业学校一同告上法庭。法院审理认为，被告张某等三人故意伤害白某，应当承担赔偿责任。被告职业学校对学生负有保障安全和防止、制止危险行为的注意义务，在被告张某等三人翻墙进入校园与学生发生冲突的过程中，该学校无老师及时发现，疏于保护，在管理上存在疏漏，没有尽到基本的谨慎管理和注意义务，对原告致害结果亦具有一定原因力，故其应在合理范围内对原告所受损失承担补充赔偿责任。鉴于事发后该职业学校能积极地将原告送往医院救治，并向公安部门报案，处置及时，避免了损害的扩大，可适当减轻其责任。故法院酌定该职业学校承担30%的赔偿责任，张某等三人承担70%的赔偿责任。

【相关法律法规】

《中华人民共和国民法典》第一千一百六十五条：行为人因过错侵害他人民事权益造成损害的，应当承担侵权责任。依照法律规定推定行为人有过错，其不能证明自己没有过错的，应当承担侵权责任。

《中华人民共和国民法典》第一千一百六十八条：二人以上共同实施侵权行为，造成他人损害的，应当承担连带责任。

【释法概述】

在校学生的人身和财产安全理应受到学校的保护，保护学生安全是学生自己、学校保卫部门、教师等多方的共同责任。如果学校未尽到安全保障义务而使学生遭受校外人员的侵害时，校外人员作为直接侵权人，应对受害学生承担赔偿责任，共同侵权人均有义务承担共有的赔偿责任，学校也应承担与其过错相适应的部分责任。

69. 职业院校辅导员、班主任对学生承担监护职责吗?

职业院校辅导员、班主任不是学生的监护人，对学生不需要承担监护人的职责。

【核心提示】

职业院校辅导员、班主任应当对学生进行思想政治和法治教育，保护并促进学生身心健康发展。

【以案说法】

朱某是某职业院校未成年学生，因同寝室闯某玩游戏声音过大影响其午休，且多次劝说未果，遂用拳头打伤闯某的鼻梁骨，造成闯某轻伤。闯某及其父母不同意和解，坚决要求追究朱某的刑事责任。后来，朱某被判处有期徒刑六个月，也因此被职业院校开除。朱某及其父母认为班主任李某未尽到预防和制止未成年人的不良行为和违法犯罪行为并进行合理管教的职责，遂起诉至法院要求李某赔偿经济、精神等所有损失。法院审理认为，朱某作为已满十六周岁的未成年人，应当认识到故意伤害他人可能产生的法律后果，该法律后果应由自己承担或者由其监护人即父母承担，而李某不是朱某的合法监护人，不承担监护职责，故驳回朱某所有诉求。

【相关法律法规】

《中华人民共和国未成年人保护法》第七条：未成年人的父母或者其他监护人依法对未成年人承担监护职责。国家采取措施指导、支持、帮助和监督未成年人的父母或者其他监护人履行监护职责。

《中华人民共和国未成年人保护法》第十六条：未成年人的父母或者其他监护人应当履行下列监护职责：（九）预防和制止未成年人的不良行为和违法犯罪行为，并进行合理管教。

《中华人民共和国民法典》第二十七条：父母是未成年子女的监护人。未成年人的父母已经死亡或者没有监护能力的，由下列有监护能力的人按顺序担任监护人：（一）祖父母、外祖父母；（二）兄、姐；（三）其他愿意担任监护人的个人或者组织，但是须经未成年人住所地的居民委员会、村民委员会或者民政部门同意。

【释法概述】

未成年人的第一顺序监护人是其父母，在父母无监护能力时，要依法从其祖父母、外祖父母，其兄、姐中，及其他愿意担任其监护人的个人或者组织中依序选定，选定时须经未成年人住所地的居民委员会、村民委员会或者民政部门同意。不论是个人作为监护人，还是组织作为监护人，都应当依法履行监护职责，对未成年学生的行为进行合理引导，使其养成文明合法的行为习惯，促进其身心健康发展。

70. 教师因与学校领导的“观念不和”被调离教学岗位的，应如何维权？

可以向教育行政部门申诉，也可以向当地的劳动仲裁部门申请仲裁，对仲裁结果不服的可以向人民法院提起诉讼。

【核心提示】

申诉和劳动仲裁。

【以案说法】

王某系某中学语文教师，他所在学校的领导在全体教师会议上要求教师不得进行校外有偿补课，要求全体教师每天下午5点放学后继续辅导学生写作业至晚7点。王某向领导反映家中父母年迈且女儿年幼无法辅导学生到晚7点被拒，遂接受了每天放学后的作业辅导工作。月底，王某被学校通知不再从事教学岗位并于下个月起到学校后勤处报道。王某认为学校的行为属于未经自己同意便调整自己的工作岗位，侵犯了自己的合法权益，便向当地教育局进行申诉并向劳动仲裁委员会申请仲裁，要求恢复自己原工作岗位。仲裁委员会审理认定，学校未经王某同意便调整王某的工作岗位的行为无效，王某维持原工作岗位的请求应当予以支持。当地教育行政部门经审查后，认为该中学存在强迫教师的情况，给予该中学校长记过处分，并要求学校相关负责人立即整改。

【相关法律法规】

《中华人民共和国教师法》第三十九条：教师对学校或者其他教育机构侵犯其合法权益的，或者对学校或者其他教育机构作出的处理不服的，可以向教育行政部门提出申诉，教育行政部门应当在接到申诉的三十日内，作出处理。教师认为当地人民政府有关行政部门侵犯其根据本法规定享有的权利的，可以向同级人民政府或者上一级人民政府有关部门提出申诉，同级人民政府或者上一级人民政府有关部门应当作出处理。

《中华人民共和国劳动合同法》第三十五条：用人单位与劳动者协商一致，可以变更劳动合同约定的内容。变更劳动合同，应当采用书面形式。变更后的劳动合同文本由用人单位和劳动者各执一份。

《中华人民共和国劳动争议调解仲裁法》第二条：中华人民共和国境内的用人单位与劳动者发生的下列劳动争议，适用本法：（一）因确认劳动关系发生的争议；（二）因订立、履行、变更、解除和终止劳动合同发生的争议；（三）因除名、辞退和辞职、离职发生的争议；（四）因工作时间、休息休假、社会保险、福利、培训以及劳动保护发生的争议；（五）因劳动报酬、工伤医疗费、经济补偿或者赔偿金等发生的争议；（六）法律、法规规定的其他劳动争议。

《中华人民共和国劳动争议调解仲裁法》第五十二条：事业单位实行聘用制的工作人员与本单位发生劳动争议的，依照本法执行；法律、行政法规或者国务院另有规定的，依照其规定。

【释法概述】

教师与学校的关系属于劳动关系，其权利义务由劳动合同约定。我国法律规定，用人单位对劳动合同约定的内容进行变更，应当与劳动者协商一致；非劳动合同签订的客观情形变更的前提下，若未经劳动者同意，擅自变更劳动合同的约定内容，则该变更行为无效，且应当赔偿该行为对劳动者造成的损失。如果教师认为学校或者当地政府有关部门侵犯了其权利，可以通过申诉等方式维护自身的合法权益，也可以通过劳动仲裁维权，对仲裁结果不服的可以向人民法院提起诉讼维护自己的法律权利。

71. 学生侵犯中小学教师名誉权要担责吗?

要承担侵权责任。

【核心提示】

依法维护教师的名誉权。

【以案说法】

仇某系某小学信息技术教师，周某系仇某曾教过的学生。某日，周某在网络平台发布其曾被仇某体罚至吐血的信息引发网络热议，随后学校介入调查。周某的家长在学校门口悬挂条幅声讨仇某体罚学生一事。学校领导为解决此事，协调仇某与周某家长进行沟通，沟通未果，双方发生冲突。半个月后，某省电视台对周某声称仇某体罚学生一事进行报道。然而，教育部门的调查显示没有证据证明仇某曾经体罚过周某。仇某以周某侵犯其名誉权为由诉至法院。法院审理认为，周某捏造虚假事实，导致仇某的社会声誉降低，对仇某的名誉权造成严重损害，故判决周某向仇某公开道歉，并赔偿仇某精神损失费10万元。

【相关法律法规】

《中华人民共和国民法典》第一千零二十四条：民事主体享有名誉权。任何组织或者个人不得以侮辱、诽谤等方式侵害他人的名誉权。名誉是对民事主体的品德、声望、才能、信用等的社会评价。

《中华人民共和国民法典》第一千一百八十八条：无民事行为能力人、限制民事行为能力人造成他人损害的，由监护人承担侵权责任。监护人尽到监护职责的，可以减轻其侵权责任。有财产的无民事行为能力人、限制民事行为能力人造成他人损害的，从本人财产中支付赔偿费用；不足部分，由监护人赔偿。

《中华人民共和国教师法》第三十五条：侮辱、殴打教师的，根据不同情况，分别给予行政处分或者行政处罚；造成损害的，责令赔偿损失；情节严重，构成犯罪的，依法追究刑事责任。

《中华人民共和国教育法》第四十四条：受教育者应当履行下列义务：（一）遵守法律、法规；（二）遵守学生行为规范，尊敬师长，养成良好的思想品德和行为习惯；（三）努力学习，完成规定的学习任务；（四）遵守所在学校或者其他教育机构的管理制度。

【释法概述】

中小学生年龄尚幼，未形成规范的社会认知，教师对学生的管教方式有时无法被他们接受，反而视为一种束缚，少数人甚至会采取一些过激的手段来发泄内心的不满。这些手段往往会严重地侵犯教师的合法权益，如学生私下对教师进行谩骂、侵犯教师的名誉权等。切实保障教师的合法权益既是我国法律的必然要求，也是提升教学质量的必经之路。学生应当尊重教师，不得随意诬陷、污蔑教师。教师在面对学生侵犯自己的行为时，应当保持理智，通过学校和学生的监护人进行合理妥善的解决。

72. 中小学教师如何处理学校对自己名誉权的侵犯？

应当采取诉讼或向公安机关报警的方式维护自己的合法权益。

【核心提示】

依法维护教师的名誉权。

【以案说法】

周某系某中学教师，在一次年度体检中，其体检信息显示患有艾滋病。校方私下将此事告知其他教职工，且认为周某私生活混乱，希望周某自动离职。学生家长知晓此事后，联名要求校方为周某更换工作岗位。周某再次进行检测，发现自己未患艾滋病，遂将学校诉至法院，其认为学校未经允许公示体检信息的行为严重侵害了自己的名誉权。法院审理认为，该中学透露周某的体检信息侵犯了其隐私权，且告知他人，导致周某的名誉权受损，故判决该校校长公开向周某道歉，并赔偿周某名誉损失费50000元。

【相关法律法规】

《中华人民共和国民法典》第一千零二十四条：民事主体享有名誉权。任何组织或者个人不得以侮辱、诽谤等方式侵害他人的名誉权。名誉是对民事主体的品德、声望、才能、信用等的社会评价。

《中华人民共和国教师法》第三十九条：教师对学校或者其他教

育机构侵犯其合法权益的，或者对学校或者其他教育机构作出的处理不服的，可以向教育行政部门提出申诉，教育行政部门应当在接到申诉的三十日内，作出处理。教师认为当地人民政府有关行政部门侵犯其根据本法规定享有的权利的，可以向同级人民政府或者上一级人民政府有关部门提出申诉，同级人民政府或者上一级人民政府有关部门应当作出处理。

《中华人民共和国教育法》第三十条：学校及其他教育机构应当履行下列义务：（一）遵守法律、法规；（二）贯彻国家的教育方针，执行国家教育教学标准，保证教育教学质量；（三）维护受教育者、教师及其他职工的合法权益；（四）以适当方式为受教育者及其监护人了解受教育者的学业成绩及其他有关情况提供便利；（五）遵照国家有关规定收取费用并公开收费项目；（六）依法接受监督。

【释法概述】

百年大计，教育为本；教育大计，教师为本。教师承担着传播知识、传播思想、传播真理的历史使命，肩负着塑造灵魂、塑造生命、塑造新人的时代重任。维护教师的名誉，是学校教育教学工作顺利开展的前提和基础。教师的名誉权不得随意被侵犯，学校要竭力维护教师的名誉，对于涉及教师名誉的事项要谨慎处理，要有依据、有程序、合理适当地进行处理。教师面对学校对自己的侵权行为，应当选择正确的方式，通过向公安机关报警、向教育主管部门申诉以及向人民法院提起诉讼等合法的方式维护自身的权益。

73. 女教师被要求按照学校安排时间生育子女，否则视为自动辞职，学校的做法合法吗?

不合法。

【核心提示】

教师拥有合法的生育权。

【以案说法】

某中学要求育龄女教师与学校签订《计划生育责任书》。按照《计划生育责任书》的约定，女教师计划生育子女，应当提前经过学校领导同意，并报备计划生育孩子的时间，需要改变生育计划的则应当提前三个月以书面形式通知学校。若女教师未经学校批准生育孩子，且学校需要另聘教师上课的，学校将在该教师产假期满后对其进行调岗或待岗处理，并在合同期满后不再与其续约。此事经媒体报道后，当地教育部门介入调查，责令该中学立即整改，撤销已签订的《计划生育责任书》，并对相关负责人进行了处分。

【相关法律法规】

《中华人民共和国妇女权益保障法》第二十三条第二款：各单位在录用女职工时，应当依法与其签订劳动（聘用）合同或者服务协议，劳动（聘用）合同或者服务协议中不得规定限制女职工结婚、生育的内容。

《中华人民共和国妇女权益保障法》第二十七条：任何单位不得因结婚、怀孕、产假、哺乳等情形，降低女职工的工资，辞退女职工，单方解除劳动（聘用）合同或者服务协议。但是，女职工要求终止劳动（聘用）合同或者服务协议的除外。各单位在执行国家退休制度时，不得以性别为由歧视妇女。

《中华人民共和国人口与计划生育法》第十七条：公民有生育的权利，也有依法实行计划生育的义务，夫妻双方在实行计划生育中负有共同的责任。

《中华人民共和国劳动法》第十八条：下列劳动合同无效：（一）违反法律、行政法规的劳动合同；（二）采取欺诈、威胁等手段订立的劳动合同。无效的劳动合同，从订立的时候起，就没有法律约束力。确认劳动合同部分无效的，如果不影响其余部分的效力，其余部分仍然有效。劳动合同的无效，由劳动争议仲裁委员会或者人民法院确认。

《中华人民共和国教育法》第三十条：学校及其他教育机构应当履行下列义务：（一）遵守法律、法规；（二）贯彻国家的教育方针，执行国家教育教学标准，保证教育教学质量；（三）维护受教育者、教师及其他职工的合法权益；（四）以适当方式为受教育者及其监护人了解受教育者的学业成绩及其他有关情况提供便利；（五）遵照国家有关规定收取费用并公开收费项目；（六）依法接受监督。

《中华人民共和国教师法》第三十九条：教师对学校或者其他教育机构侵犯其合法权益的，或者对学校或者其他教育机构作出的处理不服的，可以向教育行政部门提出申诉，教育行政部门应当在接到申诉的三十日内，作出处理。教师认为当地人民政府有关行政部门侵犯其根据本法规定享有的权利的，可以向同级人民政府或者上一级人民政府有关部门提出申诉，同级人民政府或者上一级人民政府有关部门应当作出处理。

《女职工劳动保护特别规定》第五条：用人单位不得因女职工怀孕、生育、哺乳降低其工资、予以辞退、与其解除劳动或者聘用合同。

【释法概述】

生育权是公民的一项基本人权，是任何时候、任何组织和个人都不能剥夺和限制的。用人单位限制甚至剥夺教师生育自由，不仅违反我国法律规定，也违背了人类社会的道德。教师在面对此类要求时，应当依法维权，通过当地教育行政部门、劳动仲裁部门以及人民法院等来维护自身的合法权益。

74. 教师生病期间是否有权利要求学校发“病假”期间工资?

有。

【核心提示】

合法的劳动权益。

【以案说法】

徐某为某民办幼儿园教师，从事中班幼儿的教学工作。徐某因病于2017年8月至2018年1月间休假145天，该幼儿园在徐某休病假期间向其支付工资总额9122.59元，而徐某休病假前十二个月的平均工资为7681元/月。徐某认为自己工作已满十年，学校在自己休病假期间未依照法律规定支付病假工资，故向当地劳动仲裁委员会提起仲裁，要求该幼儿园依照法律规定补足相应的病假工资差额共计21148.83元。仲裁委员会审理认定，徐某作为民办学校教师，且工作年限已超过十年，其法律地位与公办学校的教师等同，参照《国家机关工作人员病假期间生活待遇的规定》，其病假期间的工资应当依照原工资标准进行发放，因此裁定该民办幼儿园应当补发徐某的病假工资差额共计21148.83元。

【相关法律法规】

《中华人民共和国教育法》第三十条：学校及其他教育机构应当履行下列义务：（一）遵守法律、法规；（二）贯彻国家的教育方针，

执行国家教育教学标准，保证教育教学质量；（三）维护受教育者、教师及其他职工的合法权益；（四）以适当方式为受教育者及其监护人了解受教育者的学业成绩及其他有关情况提供便利；（五）遵照国家有关规定收取费用并公开收费项目；（六）依法接受监督。

《中华人民共和国教师法》第三十九条：教师对学校或者其他教育机构侵犯其合法权益的，或者对学校或者其他教育机构作出的处理不服的，可以向教育行政部门提出申诉，教育行政部门应当在接到申诉的三十日内，作出处理。教师认为当地人民政府有关行政部门侵犯其根据本法规定享有的权利的，可以向同级人民政府或者上一级人民政府有关部门提出申诉，同级人民政府或者上一级人民政府有关部门应当作出处理。

【释法概述】

我国法律规定，无论民办学校还是公办学校的教师，其待遇均参照国家公务员标准进行管理，这一规定既是基于教师这一职业地位的特殊性，也体现了社会对教师行业的尊重。虽然教师有着特殊的社会地位，但其本质仍归属为劳动者，因此，教师有权要求学校在其生病期间发放病假工资。学校应依据教师病假时间的长短和工作年限来划分病假工资的发放标准，计算具体的发放数额。若学校拒不支付病假工资，教师有权向教育主管部门进行申诉或向劳动仲裁部门提起仲裁，对仲裁不服的可以向当地人民法院提起诉讼。

75. 教师在享有带薪的寒暑假外还能带薪休年假吗？

不能。

【核心提示】

寒暑假时间已超过了正常年假时长。

【以案说法】

张某在某高中担任英语老师，学校安排寒暑假时教师和学生一起放假。张某主张自己应该享受带薪年休假，每年5天。因自己从未休过年休假，学校也没有支付过年休假工资，张某为此诉至法院。经法院审理，学校和张某双方均认可张某每年有带薪的寒暑假，其中寒假4周、暑假7周。法院认为，张某每年已享受的带薪寒暑假天数已经远超过其主张的未休年假天数，故驳回了张某要求支付未休年休假工资的诉讼请求。

【相关法律法规】

《中华人民共和国教师法》第七条：教师享有下列权利：（四）按时获取工资报酬，享受国家规定的福利待遇以及寒暑假期的带薪休假。

《职工带薪年休假条例》第四条：职工有下列情形之一的，不享受当年的年休假：（一）职工依法享受寒暑假，其休假天数多于年休假天数的；（二）职工请事假累计20天以上且单位按照规定不扣工资

的；（三）累计工作满1年不满10年的职工，请病假累计2个月以上的；（四）累计工作满10年不满20年的职工，请病假累计3个月以上的；（五）累计工作满20年以上的职工，请病假累计4个月以上的。

【释法概述】

年假指职工一年一次的假期，单位应当保证职工享受年休假。年假具有法律强制性，是职工的福利，法律直接规定了年假的最底线，用人单位可以给予职工高于法定年假的天数。教师不仅有权按时获取工资报酬，享受国家规定的福利待遇，而且每年都有几周带薪寒暑假，而寒暑假的休假天数远远多于年休假天数，因此，教师不能再享受当年的年休假。

76. 学校不按时发放工资时，教师该如何维权？

教师应当及时向劳动仲裁部门提起仲裁，对仲裁不服的，可以向人民法院提起诉讼，申请支付令。

【核心提示】

教师拥有劳动报酬请求权。

【以案说法】

王某入职某民办学校担任英语教师。在王某依照合同将课表排课都上完后，该学校突然停用了办公场所，管理人员也失踪了，导致劳动合同无法继续履行。王某查询后发现其社保已欠缴，社会保险关系已转出。王某联系当地劳动行政部门，要求学校支付所拖欠的工资并支付赔偿金。当地劳动行政部门调查发现，该民办学校当年未进行企业年检，且无故拖欠劳动者工资属实，责令该民办学校负责人立即支付劳动报酬，并向王某支付赔偿金。

【相关法律法规】

《中华人民共和国劳动法》第五十条：工资应当以货币形式按月支付给劳动者本人。不得克扣或者无故拖欠劳动者的工资。

《中华人民共和国劳动法》第九十一条：用人单位有下列侵害劳动者合法权益情形之一的，由劳动行政部门责令支付劳动者的工资报酬、经济补偿，并可以责令支付赔偿金：（一）克扣或者无故拖欠劳动者工资的；（二）拒不支付劳动者延长工作时间工资报酬的；（三）低于当地最低工资标准支付劳动者工资的；（四）解除劳动合同后，未依照本法规定给予劳动者经济补偿的。

《中华人民共和国劳动合同法》第三十条：用人单位应当按照劳动合同约定和国家规定，向劳动者及时足额支付劳动报酬。用人单位拖欠或者未足额支付劳动报酬的，劳动者可以依法向当地人民法院申请支付令，人民法院应当依法发出支付令。

《中华人民共和国教师法》第七条：教师享有下列权利：（四）按时获取工资报酬，享受国家规定的福利待遇以及寒暑假期的带薪休假。

《中华人民共和国教师法》第三十八条：地方人民政府对违反本法规定，拖欠教师工资或者侵犯教师其他合法权益的，应当责令其限期改正。违反国家财政制度、财务制度，挪用国家财政用于教育的经费，严重妨碍教育教学工作，拖欠教师工资，损害教师合法权益的，由上级机关责令限期归还被挪用的经费，并对直接责任人员给予行政处分；情节严重，构成犯罪的，依法追究刑事责任。

【释法概述】

为保障教师权益，我国法律要求必须确保教师待遇和地位能够得到有效提升。从劳动者权益保护角度看，按时足额发放工资也是劳动者保障的基本要求。民办教育学校或者民办教育机构相对公办学校来说，稳定性不高，常常出现教师劳动报酬未及时发放的问题，追索难度较大，易引发群体性纠纷。教师在劳动关系存续期间应特别注意留存证据，如课程表、上课通知、上班通知等书面证据，以及录音、录像、课程记录等视听资料，一旦出现拖欠劳动报酬的情况，应第一时间向教育主管部门及劳动监察部门反映情况，及时采用法律武器维护自身的合法权益。

77. 中小学教师能否单方面解除与学校之间的劳动合同?

一般情况下，教师无单方面解除劳动合同的权利，只有具备法律规定的情形才可以。

【核心提示】

劳动合同的单方解除权。

【以案说法】

梁某系某中学教师，与该中学签订了人才引进协议书，并约定服务期限为6年，2012年双方再次签订《事业单位聘用合同书》，约定服务期满后自动续聘。梁某2017年考上某大学博士生，与该中学签订攻读博士学位协议，约定攻读博士学位期间的费用由该校承担，在其获取博士学位后，返回该校继续任职教师。后梁某欲更换用人单位，便要求与该中学解除聘用合同以及攻读博士学位协议，被该校拒绝。梁某又向当地劳动仲裁部门申请仲裁，请求行使单方解除权，解除自己与某中学的劳动合同以及博士攻读协议。经当地劳动仲裁委员会调查，认定梁某无权行使单方解除权，应当继续履行合同，否则应承担违约责任。

【相关法律法规】

《中华人民共和国民法典》第五百六十三条：有下列情形之一

的，当事人可以解除合同：（一）因不可抗力致使不能实现合同目的；（二）在履行期限届满前，当事人一方明确表示或者以自己的行为表明不履行主要债务；（三）当事人一方迟延履行主要债务，经催告后在合理期限内仍未履行；（四）当事人一方迟延履行债务或者有其他违约行为致使不能实现合同目的；（五）法律规定的其他情形。以持续履行的债务为内容的不定期合同，当事人可以随时解除合同，但是应当在合理期限之前通知对方。

《中华人民共和国劳动合同法》第三十八条：用人单位有下列情形之一的，劳动者可以解除劳动合同：（一）未按照劳动合同约定提供劳动保护或者劳动条件的；（二）未及时足额支付劳动报酬的；（三）未依法为劳动者缴纳社会保险费的；（四）用人单位的规章制度违反法律、法规的规定，损害劳动者权益的；（五）因本法第二十六条第一款规定的情形致使劳动合同无效的；（六）法律、行政法规规定劳动者可以解除劳动合同的其他情形。

《事业单位人事管理条例》第十七条：事业单位工作人员提前30日书面通知事业单位，可以解除聘用合同。但是，双方对解除聘用合同另有约定的除外。

【释法概述】

依据我国法律的规定，劳动者欲行使单方解除权应当满足法律规定的特殊情形，一般情况下，劳动者和用人单位都无任意解除劳动合同的权利。如果在劳动合同没有解除的情况下，拒不履行劳动合同的一方应当承担违约责任。劳动合同的履行关系到用人单位的生产经营秩序。教师在未满足特定情形时，需要解除与用人单位之间的劳动合同，是不符合法律规定的；拒不履行合同约定义务的，需要承担相应的违约责任。

78. 原教学单位被撤销后，退休教师如何主张自己的福利待遇？

> 应当向承继原教学单位的组织提出要求，或者要求当地教育主管部门继续履行。

【核心提示】

教师的退休权益保障。

【以案说法】

黄某系某中学语文教师，因病回家休息，经学校领导同意，黄某的工资照发。五年后，黄某原单位并入新的中学，其档案被新的中学弄丢了，黄某主张自己已经达到法定的退休年龄，应当享受退休福利待遇。新中学认为黄某一直未在岗工作且查询不到黄某的档案资料，因此不承认黄某与新中学之间存在劳动关系。黄某无奈之下提请当地劳动仲裁机构进行仲裁。仲裁机构认定，黄某的原工作单位并入新的中学后，黄某与原工作单位的劳动关系由新的中学承继，因此，黄某与新的中学之间存在劳动关系，黄某依法应当在新的中学享受退休待遇。

【相关法律法规】

《中华人民共和国教师法》第三十条：教师退休或者退职后，享受国家规定的退休或者退职待遇。县级以上地方人民政府可以适当

提高长期从事教育教学工作的中小学退休教师的退休金比例。

《中华人民共和国劳动合同法》第七条：用人单位自用工之日起即与劳动者建立劳动关系。用人单位应当建立职工名册备查。

《中华人民共和国劳动合同法》第三十四条：用人单位发生合并或者分立等情况，原劳动合同继续有效，劳动合同由承继其权利和义务的用人单位继续履行。

《中华人民共和国劳动法》第七十三条：劳动者在下列情形下，依法享受社会保险待遇：（一）退休；（二）患病、负伤；（三）因工伤残或者患职业病；（四）失业；（五）生育。劳动者死亡后，其遗属依法享受遗属津贴。劳动者享受社会保险待遇的条件和标准由法律、法规规定。劳动者享受的社会保险金必须按时足额支付。

【释法概述】

教师依法享有福利待遇，退休后的待遇自然应当得到保障。原教学单位被撤销的退休教师，其福利待遇一般由承继的用人单位继续履行，若无承继原教学单位的组织，则由当地教育主管部门继续履行。

79. 民办职业院校以教师未取得教师资格证为由解除劳动关系的行为合法吗？

在未经过培训或者调整工作岗位的情况下，以教师未取得教师资格证和未达到学校专任教师任职条件为由，解除双方之间的劳动关系系违法解除。

【核心提示】

民办学校应依法解除与教师的劳动关系。

【以案说法】

王某与某职业学院签订劳动合同，约定期限内在该学院教师岗位工作，后与该职业学院续订合同至2018年7月15日。王某于2018年11月2日向学院出具续聘申请书和思想工作总结，与学院的劳动关系再一次延续，但这次未签订书面劳动合同。2019年7月10日，该职业学院电子与通信工程系以王某无教师资格证为由出具《关于停止王某同志从事专任教师工作的决定》；同日，该学院出具通知终止与王某的人事关系。王某向某市劳动人事争议仲裁委员会提出仲裁申请，仲裁委员会审理裁决，支持王某要求该职业学院支付其二倍工资和赔偿金的仲裁请求。该职业学院不服该裁决遂诉至法院，一审法院依法判决该职业学院支付王某二倍工资和赔偿金。该职业学院仍不服判决提起上诉。二审法院审理认为，该职业学院提交的续聘申请书、思想工作总结、聘期届满考核登记表以及在二审中提交的证据材料，仅能证明该职业学院与王某就双方延续劳动关系达

成了合意，已经存在事实劳动关系，但并不能证明双方之间签订了书面劳动合同。因此，二审法院驳回该职业学院的上诉。

【相关法律法规】

《中华人民共和国劳动合同法》第四十条：有下列情形之一的，用人单位提前三十日以书面形式通知劳动者本人或者额外支付劳动者一个月工资后，可以解除劳动合同：（二）劳动者不能胜任工作，经过培训或者调整工作岗位，仍不能胜任工作的。

《中华人民共和国劳动争议调解仲裁法》第五条：发生劳动争议，当事人不愿协商、协商不成或者达成和解协议后不履行的，可以向调解组织申请调解；不愿调解、调解不成或者达成调解协议后不履行的，可以向劳动争议仲裁委员会申请仲裁；对仲裁裁决不服的，除本法另有规定的外，可以向人民法院提起诉讼。

【释法概述】

民办职业院校解除与教师之间的劳动合同，应遵守国家法律法规的规定。教师未取得教师资格证，不是民办职业院校解除劳动合同的法定理由，经调整工作岗位仍旧不能胜任的才可以解除。对是否解除劳动合同的争议属于劳动争议，劳动争议的救济方式是劳动者先向用人单位所在地的劳动争议仲裁机构申请劳动仲裁，对仲裁裁决不服的，可以向人民法院提起诉讼进行维权。如果民办职业院校认为与劳动者之间签订的劳动合同因违反法律、行政法规的强制性规定而无效的话，可以向劳动争议仲裁机构或者人民法院确认劳动合同的效力，在未确认劳动合同效力的前提下，应依法解除劳动合同。

80. 民办职业院校教师面对恶意拖欠工资行为如何保障自己的劳动权益？

> 可以通过申请劳动仲裁或者提起诉讼来保护自己的合法权益。

【核心提示】

依法维权。

【以案说法】

赵某系某民办职业院校的专业教师，敬业爱生，教学质量较好，深受学生喜欢。赵某在一次教师座谈会上流露出更换工作单位的想法，院领导遂持续拖欠其近三个月工资以期留住赵某。赵某开始时替学院着想，舍不得所带的学生，对拖欠工资一事采取忍让的方式。后来，赵某咨询相关部门和法律专家后，认为该院校的行为属于恶意拖欠工资，不能忍让，必须运用法律武器捍卫自己的权利。后来，赵某先申请仲裁，后又通过诉讼，不仅拿回了拖欠的工资，还获得了经济补偿。

【相关法律法规】

《中华人民共和国教师法》第七条：教师享有下列权利：（四）按时获取工资报酬，享受国家规定的福利待遇以及寒暑假期的带薪休假。

《中华人民共和国劳动法》第五十条：工资应当以货币形式按月

支付给劳动者本人。不得克扣或者无故拖欠劳动者的工资。

《中华人民共和国劳动合同法》第三十八条：用人单位有下列情形之一的，劳动者可以解除劳动合同：（二）未及时足额支付劳动报酬的。

《中华人民共和国劳动合同法》第四十六条：有下列情形之一的，用人单位应当向劳动者支付经济补偿：（一）劳动者依照本法第三十八条规定解除劳动合同的。

【释法概述】

民办职业院校应当依法按月以货币形式支付教师工资，不得克扣或者无故拖欠工资，更不得恶意拖欠工资。对于民办学校恶意拖欠教师工资的行为，教师可依法申请劳动仲裁来维护权利，对仲裁裁决不服的可以通过诉讼方式维权。恶意拖欠工资的民办职业院校不仅要支付劳动者工资，还要支付劳动者因此而解除劳动合同的经济补偿。